墨香财经学术文库
"十二五"辽宁省重点图书出版规划项目

Research on the Level of Rural Land Endowment Security in the Rural Endowment Insurance System in China

中国农村养老保险体系中土地养老保障水平研究

位　涛◎著

东北财经大学出版社
Dongbei University of Finance & Economics Press
大连

图书在版编目（CIP）数据

中国农村养老保险体系中土地养老保障水平研究 / 位涛著. —大连：东北财经大学出版社，2016.12

（墨香财经学术文库）

ISBN 978-7-5654-2583-7

Ⅰ. 中… Ⅱ. 位… Ⅲ. ①农村-社会养老保险-养老保险制度-研究-中国 ②农村-土地制度-研究-中国 Ⅳ. ①F842.67 ②F321.1

中国版本图书馆CIP数据核字（2016）第289494号

东北财经大学出版社出版发行

大连市黑石礁尖山街217号 邮政编码 116025

网　址：http：//www.dufep.cn

读者信箱：dufep @ dufe.edu.cn

大连图腾彩色印刷有限公司印刷

幅面尺寸：170mm×240mm 字数：157千字 印张：11 插页：1

2016年12月第1版 2016年12月第1次印刷

责任编辑：李丽娟 责任校对：那 欣

封面设计：冀贵收 版式设计：钟福建

定价：36.00元

教学支持 售后服务 联系电话：（0411）84710309

 举报电话：（0411）84710523

如有印装质量问题，请联系营销部：（0411）84710711

前言

社会文明进步程度和发展水平一个重要的衡量标准就是每个劳动者是否能实现“老有所养”，这是我国各界人士都十分关注的社会问题。在21世纪的今天，我们把目光从已经基本建立了具有一定规模的城镇居民社会养老保障体系的城镇投向广袤的农村，现在城乡二元经济结构分化严重，占人口一半以上的广大农民的养老问题是亟待发展的“社会保障洼地”，能够过上体面的退休生活对于绝大多数农民而言，目前还是一种奢望，土地养老保障依然是当前中国农民养老最重要的方式。随着我国改革的深入，农村社会经济迅速发展，新型农村养老保险建立并逐步推进，以社会养老为主，家庭养老、土地养老、社会救助为辅，商业保险为补充的农村养老保险体系基本建立；同时，农村人口老龄化趋势严重，农村人口流动加速，土地流转更加广泛，这些变化给土地养老保障带来了巨大的冲击。土地养老保障在农民养老中到底发挥着什么样的作用，本书的研究主要基于这个问题展开，在归纳总结前人研究成果的基础上，对农村养老保险体系中土地养老保障水平进行了探索和研究。

人口老龄化尤其是农村人口老龄化加剧将是新世纪不得不面临的中国国情，这深刻影响着我国经济社会的发展。虽然目前建立农村社会保障制度是大势所趋，但由于财政资金的限制、农村人口基数庞大和其历史的特殊性，在短期内建立起覆盖全体农民，与城市社会保障一体化的新型农村养老保险是不可能实现的。因此，即使在传统养老方式日益弱化的今天，土地养老保障归根结底才是农民养老最后的“安全网”。因此，研究我国农村土地养老保障制度的变迁，分析传统土地养老保障水平及其养老贡献，实现传统养老保障和社会养老保障之间的相互补充，对于建立我国农村多支柱的养老保险体系和推动农村土地制度改革都具有重要的现实意义。从农村养老保险体系中土地养老保障贡献的角度分析问题，事关“三农问题”能否得以有效解决，落实科学发展观，实现生存公平和劳动公平的统一[①]，推动农村社会保障事业发展和社会主义新农村建设。

目前，对我国农村养老保障方面的研究大多集中在社会养老保障的层面，但利用经济学方法来实证分析农村养老保险体系中土地养老保障水平方面的研究并不多见。本书试图以农村养老中土地养老保障水平研究为出发点，通过对土地养老保障、社会保险、家庭养老和社会救助各自在农村养老中所起到的作用进行理论和实证分析，从水平贡献和适度贡献两个维度对土地养老保障在农村养老保险体系中的养老贡献进行分析，采用绝对总量分析和相对指标分析两种研究方法，试图探讨土地的养老保障功能得以实现的制度根源，从而制定出充分发挥土地养老保障功能的制度和政策，切实提高农民的收入水平，切实实现“农业稳，天下安；农民老，全民助”的愿景。

本书从建立多支柱农村养老保险体系理论入手，提出了存在耕种土地和出租土地两个序列的农民，构建了耕种土地养老保障水平和出租土地养老保障水平数理模型，从农村土地养老保障的水平贡献和适度贡献两个维度，采用绝对总量分析和相对指标分析，提出“一个缺口，两个指数”的评价体系，对我国农村养老保险体系中土地养老保障水平进行

① 穆怀中．缩小收入差距要强化三次分配［N］．人民日报（海外版），2006-10-25．

测算、分析和预测。

本书共分为五部分：第一部分是研究框架，提出问题以及本书主要的研究思路、方法和结构安排。第二部分是理论基础，归纳总结农村养老保险体系中土地养老保障的相关理论。第三部分是现状分析，详细地阐述我国多支柱农村养老保险体系的组成部分，梳理土地养老保障制度的变迁。第四部分是研究主体，对农村土地养老保障水平进行实证分析。首先，构建耕种土地和出租土地两序列的土地养老保障水平模型，测算出农村土地养老保障的总体水平、地区间水平和行业间水平；其次，采用总量分析和指标分析相结合的方法，从土地养老保障的水平贡献和适度贡献两个维度对土地养老保障贡献进行实证分析；最后，依据相关参数的变动，对农村土地养老保障的水平进行预测，实证检验其未来对农民养老的贡献程度。第五部分是对策建议，探讨土地在农民养老中保障功能得以实现的运作机理，结合目前我国农村养老保障发展的现状，提出在多支柱的农村养老保险体系中土地养老保障功能得以实现的路径选择。

本书得出以下结论：

1. 建立与社会主义新农村发展相适应的农村养老保险体系。其具体包括：发挥传统的土地养老保障的基础作用；逐步推进和完善新型农村社会养老保险的支柱作用；家庭养老和社会救助作为农村养老保障的重要补充；积极推动农村商业养老保险的发展，发挥其应有的作用。

2. 构建农村土地养老保障水平数理模型，并测算出农村耕种土地和出租土地养老保障总体水平。随着经济增长，土地资源的稀缺性显现，土地与经济增长之间的关系更加密切，土地的重要性越发明显，耕种土地和出租土地养老保障总体水平都快速增长，农民耕种或出租土地所获得的收益用于养老成为可能。

3. 土地养老保障水平的实证分析。按土地地区分布测算出各地土地养老保障水平，土地养老保障水平存在着明显的地区差异，土地资源丰富的中、西部地区，土地养老保障水平要明显高于土地资源贫瘠的东部地区；按土地用途分别测算出农、林、牧、渔各行业的土地养老保障水平，各自的土地养老保障水平增长速率差别很大，在土地养老保障中农业和牧业占较大比重，而林、渔业所占比重很小，农民依靠林、渔业来实现养老保障不太可能。

4. 采用“一个缺口、两个指数”的评价体系，对农村土地养老保障贡献进行深入的实证分析。分析得出：无论从“量”还是“度”的方面，土地养老保障对农民养老的贡献都在逐年递减，土地的养老保障功能出现弱化。

5. 在设定农村土地养老保障水平模型和农村适度养老保障水平模型相关参数的基础上，预测未来四十年农村土地养老保障水平和农村适度养老保障水平，并对未来土地养老保障的贡献进行实证检验。从土地养老保障的水平贡献分析，土地保障水平占农村总体养老保障水平的比重在增加，土地养老保障仍然是农民养老的重要补充，对农民养老保障水平的提高发挥着重要的作用；从土地养老保障适度贡献分析，虽然从绝对水平上看，土地养老保障缺口在拉大，但从相对水平上看，随着农业收入的进一步提高和农村人口总量的逐年减少，土地养老保障对农民实现适度养老的贡献增强，在未来很长一段时间内土地养老保障仍然是农村养老保险体系中重要的组成部分，发挥着无可替代的作用。

作　者

2016 年 11 月

目录

第1章 导论

1.1 问题的提出及研究意义

1.1.1 问题的提出

随着我国人口老龄化进程的加快，尤其是大量的青壮年农民工选择进城务工，造成农村人口老龄化的速度远远要快于城镇，因此，广大农民对建立覆盖整个农村的养老保障制度的要求日益强烈，农民的养老问题是和谐社会得以构建的关键。在城乡二元福利模式仍然存在的今天，城市普遍已经建立比较完备的养老保障体系，而过去因政府一直忽视广大农民的养老问题，使得农村成了“社会保障洼地”，占人口一半以上的农民长期处于贫困当中。中国实现养老保险全覆盖的难点是农民，虽然在近年来在一些区域取得了进展，但对于绝大多数农民而言，能够过上体面的退休生活目前还是一种奢望。我国农民养老的问题有其自身的特殊性，只有深入研究，才能找到恰当的解决途径，才能符合构建和谐社会的根本宗旨。

当前正处于社会矛盾突显期，在诸多社会矛盾中，其中最重要的就是贫富差距过大。城乡二元经济结构没有根本的改变，城市居民内部、农村居民内部的差距也很大（万广华，2008）[①]。城乡一体化的养老保障制度尚未建成，农村养老保障制度极度落后，加大了农民与城市居民的收入差距，影响了社会稳定。农村养老保障制度是社会稳定的安全网，在扶持处于社会弱势地位的农民、构建和谐社会、共享经济发展成果方面没有发挥其应有的作用。中国当前养老保障水平不平等，少数城镇人口占有了大多数的养老保障资源，普通城镇居民的养老保障水平较低，广大农民的养老保障水平更低，这加剧了阶层之间的收入差距，也加大了人们对社会的不公平感。如今，中国经济飞速发展，中国外汇储备和个人存款都是世界第一，国家理应把未来中国发展的重点放在民生上，使人们的生活水平与经济水平相一致，充分让国民享受到经济发展的硕果，因此，必须全力加快一体化的养老保障制度的建立和完善。中国共产党第十六次、十七次、十八次全国代表大会也都强调了要实现全民“老有所养”的战略目标。

农村社会养老保障制度的构建历经波折。1992 年，国家民政部下发了在县级以上的地区试行农村养老保障的方案[②]，这标志着老农村社会养老保险（以下简称“老农保”）工作在各地广泛开展。“老农保”开始实施的初期，得到了广大农民的积极响应，覆盖面、参保率和基金总额都大幅度增长，取得了很好的社会效果。截至 1998 年，全国“老农保”的覆盖率达到 65%，共 8 025 万农民参保，累计基金为 157 亿元。但是由于“老农保”是以个人积累为主、政府补贴为辅，其保障水平太低，无法解决农民养老的后顾之忧，加上农民的认识不足，大量农民退保，“老农保”发展举步维艰。

中国共产党第十六次全国代表大会明确指出建立农村社会保障制度的必要性，这是我国农村养老保障制度建设进入一个新阶段的重要标志，各地区总结在“老农保”建设中出现的问题，进行试验和总结，探

① 万国华，张藕香，伏润民. 1985—2002 年中国农村地区收入不平等：趋势、起因和政策含义 [J]. 中国农村经济，2008 (3) .

② 《县级农村社会养老保险基本方案（试行）》，1992-01-03.

素建立实现我国新农村建设目标的新型农村养老保险制度（以下简称“新农保”）。2009年9月，国务院印发了第32号文件《关于开展新型农村社会养老保险试点的指导意见》[①]，标志着“新农保”在全国范围内的试点正式启动。然而，“新农保”尚处在试点中，整体覆盖面仍较窄，养老保障给付水平偏低，尚需进一步健全和完善。造成这种状况的主要原因是筹资机制不够合理，投资渠道窄，基金的保值增值能力差，运营管理和监管机制存在诸多弊端。

中国农村迫切需要建立科学的、适合中国国情的农村养老保险体系，而改革开放30多年来，中国实现了从计划经济体制向市场经济体制的转变，经济持续保持健康稳定发展，成为世界经济中的重要一环，创造了举世瞩目的奇迹。国家具备了解决这一问题的各方面条件，本研究正是基于这一背景下展开的。

本书运用制度变迁理论、生存公平和劳动公平理论、要素分配理论、农村养老保障理论、多支柱的农村养老保险体系等相关理论对农村养老保险体系中土地养老保障的贡献度问题进行理论与实证分析，其一，在确定土地养老保障水平数理模型的基础上，测度耕种土地和出租土地两个序列农民的土地养老保障水平，为重建农村土地养老保障对农村养老贡献提供理论基础，旨在实证研究农村养老保险体系中土地养老保障水平；其二，把农村土地养老保障置入整个农村养老保险体系中进行水平贡献分析和适度贡献分析，采用绝对总量分析和相对指标分析两种方法，试图探讨土地养老保障在农村养老中的功能和作用，探讨土地在农民养老中保障功能得以实现的运作机理，结合目前我国农村养老保障发展的现状，提出在多支柱的农村养老保险体系中土地养老保障功能得以发挥的实现路径；其三，通过土地养老保障的趋势分析，预测未来土地养老保障在农村养老中的贡献，为制定符合我国国情的农村养老保障制度提供理论依据。

① 《国务院关于开展新型农村社会养老保险试点的指导意见》，2009-09-01.

1.1.2 研究意义

人口老龄化尤其是农村人口老龄化加剧将是21世纪不得不面临的中国国情，这深刻影响着我国经济和社会发展。面对快速发展变化的情况和形势，中国共产党第十八次全国代表大会把民生问题提高到了一个史无前例的高度，明确这是政府未来工作的主要方向，“新农保”“新农合”在全国试点，努力实现全覆盖。但有关政策制度实施效果如何？是否足以应对人口老龄化和城市化建设加速期老年农民养老的基本需求，保障农民适度的养老？

虽然建立农村社会保障制度是大势所趋，但由于财政资金的限制、农村人口基数庞大和其历史的特殊性，在短期内建立起覆盖全体农民、与城市社会保障一体化的新型农村养老保险是不可能实现的。因此，即使在传统养老方式日益弱化的今天，土地养老保障归根结底才是农民养老最后的“安全网”，所以研究我国农村土地养老保障制度的变迁，分析传统土地养老保障水平及其养老贡献，实现传统养老保障和社会养老保障之间的相互补充，对于建立我国农村多支柱的养老保险体系和推动农村土地制度改革都具有重要的现实意义。从农村养老保险体系中土地养老保障贡献的角度分析问题，事关“三农问题”能否得以有效解决，落实科学发展观、实现生存公平和劳动公平的统一[①]、推动农村社会保障事业发展和社会主义新农村建设。目前对我国农村养老保障方面的研究，大多集中在社会养老保障的层面，但利用经济学方法来实证分析农村养老保险体系中土地养老保障水平方面的研究并不多见。本书以农村养老中土地养老保障水平研究为出发点，通过对土地养老保障、社会保险、家庭养老和社会救助各自在农村养老所起到的作用进行理论和实证分析，从水平贡献和适度贡献两个维度对土地养老保障在农村养老保险体系中的养老贡献进行分析，采用绝对总量分析和相对指标分析两种研究方法，试图探讨土地的养老保障功能得以实现的制度根源，从而制定出充分发挥土地养老保障功能的制度和政策，切实地提高农民的收入水

① 穆怀中. 缩小收入差距要强化三次分配［N］. 人民日报：海外版，2006-10-25.

平，切实实现“农业稳，天下安；农民老，全民助”。

1.2 国内外研究文献综述

土地养老保障水平问题研究涉及养老保障理论、农村养老保障制度和农村土地养老保障的研究领域，国内外有大量与之主题相近的研究文献，从不同角度对农村养老保障问题进行了研究。这些研究主要归纳如下：

1.2.1 国外研究文献综述

1.2.1.1 国外养老保障理论发展

随着经济和社会的发展，养老保障方面的研究越来越深入，国外发达国家率先开始了有关养老保障的研究。自 20 世纪 50 年代起，大量养老保障制度的经典理论被提出。各国在居民养老方面的支出占国民收入分配中的比重不断增加，养老保障政策成为各国的国策，养老保障的发展极大地稳定了社会，促进了社会的健康发展。一方面，不断膨胀的养老保障制度需要有强大的经济基础作为其坚实后盾；另一方面，社会有序、国家稳定和人民生活提高也离不开成熟有效的养老保障制度。

关于养老保障制度基础方面的研究。Razin（1975）提出了跨期人口增长模型，生产技术的发展大大地提高了资本的使用效率和产出增加率；同时，子女投资的不断提高，造成教育的经济压力增大，从而造成人口增速放缓，降低了人口增长率；收入税的征收，降低了人们的当期消费水平，积累增长，使得后期人均资本增加[①]。Beeker（1993）提出了家庭生产理论，他认为，人在不同阶段其价值是不同的，年青期的价值高，老年期的价值低，而家庭劳动是需要大量密集的时间，工作是非时间密集型的，因此老人和子女在家庭内部进行分工，年轻人承担赡养老人，老人替子女从事家庭劳动，从而实现整个家庭效用的最大化[②]。Oruber&Madrain（1995）对相关数据检验分析发现，医疗保险的增加将

① RAZIN A，BEN-ZION U．An Intergenerational Model of Population Growth［J］．American Economic Review，1975，65：923-933.

② 于威．中国农村多层次社会养老保障制度研究［D］．哈尔滨：东北林业大学，2010.

造成提前退休率的大幅度增加，因此，国家在制定健康保险时应做好道德风险的防范[①]。

同时，一些国外学者对养老制度进行了研究，其中主要有：Tabellini（1992）通过研究多数理性投票，认为社会中的老人阶层和穷人阶层将联合起来向青年和高收入阶层征税，来实现自身养老的保障制度[②]。Mulligan & Martin（1999）根据世代交叠模型构建一个存在三个时期的世代交叠模型，每个时期都分为老、中、轻阶段，对相应的数理模型进行分析，得出结论：由于老人的生产效率低，造成老人的工资水平也低，但老人的政治均衡税率较高，老人会将更多的精力用于依靠政治斗争来获得养老所需，养老保险是老人和年轻人政治斗争的产物[③]。

但关于养老的目标界定争议非常大。Hamermesh（1999）认为，由于人们拥有与自己生命周期相关的私人信息，强制的养老金制度提高了经济效率[④]。Diamond（1965）提出了政府节约养老金管理成本理论，认为政府在管理养老金方面要比私人管理养老金更能实现规模效益，单位成本要远远低于私人管理水平，可以达到私人管理养老金同样的效果。因此，政府在管理养老金方面能够节约管理成本[⑤]。Schieber & Shoven（1996）以全球的视角来审视如何改革社会保障的问题，加大全球范围内社会保障制度的改革，有利于减少未来保障的不确定性，指出目前大多数国家通过个人账户补充未来养老人员收入的做法，实际上依然是只提供最低利益保护[⑥]。Gale（1998）实证检验了养老金与家庭收入之间的相关性，认为应该减少家庭其他财富来弥补养老金的缺口，指出了计量方法严重低估了家庭中其他收入对养老金的补充，并分析了造成低估的原因[⑦]。Disney（2000）对公共养老金计划的政府财政支出

① 于威．中国农村多层次社会养老保障制度研究［D］．哈尔滨：东北林业大学，2010.

② TABELLINI.Votingon the Budget Deficit［J］．American Economic Review，1992，80：37-49.

③ MULLIGAN，CASEY B，XAVIER SALA-I-MARTIN．Social Security in Theory and Practice（II）：Efficiency Theories，Narrative Theories，and Implications for Reform［J］．NBER Working Paper，1999，83：34-45.

④ HOLZMANN R．The World Bank．Approach of Robert of Pension Reform［J］．Bank Discussion Paper，1999，45：956-980.

⑤ DIAMOND P.A．National Debt in a Neoclassical Growth Mode［J］．The American Economics Review，1965，1（9）：99-124.

⑥ SEHIEBER JOHN B．Soeial Security Reform：Around the world Eeonomy［J］．1996，86：373-377.

⑦ GALE W．The Effects of Pensions on Household Walth：A Revaluation of Theory and Evidence［J］．1998，106：706-723.

情况进行了研究，以 OECD 成员方为样本，分析了养老金支出造成各国财政不堪重负的原因，提出应控制养老金，进而提出改革方案[①]。

总之，国外对养老保障的研究有四个特征：跨学科对社会保障的公平和效率等各个方面进行研究；集中对老年的照顾和服务方面进行研究，体现了一种人文关怀；认识到养老保障是社会发展的“稳定器”，经济、社会、政治的转变要求农村养老主体应该多元化；家庭应在农民养老中承担更多的责任和义务。

1.2.1.2　国外关于农村养老保障制度的研究

从世界范围来看，由于西方国家不存在城乡二元化，农村与城镇养老保障体系基本是统一的，因此很少有专门的有关农村养老保障制度的研究。从目前的研究成果来看，Case & Deaton、Gruber & wise，从生存公平的角度，认为农民应当享受与城市居民相同的福利保障待遇，这才符合国民一致性原则，应建立统一的养老保障制度。Posel & Jensen 认为，无论是建立城镇和农村两种并行的、独立的养老保障制度，还是建立统一的养老保障制度，都应该在基本保障水平、保障方式上相同，政府应从财政补贴上给予支持。Attanasi & Bot 分别对德国、日本、美国、加拿大农村社会养老保险制度与城镇社会养老保险制度进行了比较，并得出各国的农村和城镇社会养老保险制度和福利保障待遇基本相同。

1.2.2　国内研究文献综述

1.2.2.1　国内养老保障理论发展

国内养老保障理论研究是在借鉴国外养老保障理论的发展，并结合我国国情的基础上提出的。伊志宏（2009）在《养老金投资与资本市场》一书中选取了美国、英国、智利、日本和韩国，对其养老金体系的主要特征、发展过程及基金运营进行系统、深入的分析，结合我国养老金制度的历史变革和现状，利用具体数据对我国养老基金、企业年金和商业养老保险的运营情况进行分析，总结养老金与资本市场的相互关

① DISNEY R. Crises in Public Pension Programs in OECD: What are the Reform Options? [J]. The Economic Journal, 1998, 110: F1-F23.

系，并进行了系统分析，认为当前养老保险制度的根本问题在于我国养老金的模式，即采用社会统筹与个人账户相结合的部分积累制，这造成了企业和个人参保意愿不高、缴费不足、管理成本高、保障水平低等问题[①]。郑功成（2009）在《论中国特色的社会保障道路》中全面考察了世界各国的社会保障制度概况，并在吸取有关经验教训的基础上，研究了中国的社会保障问题，提出中国社会保障制度应与中国经济社会的发展相适应，在中国社会转型期这个历史背景下，以社会主义市场经济体制为基本出发点，从总体上来研究中国社会保障制度长期发展问题，从理论上建立起能够适应市场经济改革与整个社会发展需要的新型社会保障制度[②]。

关于社会保障模式，主要存在两种观点：一种观点是主张采取完全积累制或部分积累制的养老金制度，这种观点认为采用基金积累制的主要好处在于能够有效地应对人口老龄化对养老金制度的冲击；另一种观点认为应采取现收现付制，我国还处在经济的发展阶段，人口众多，底子薄，采用完全积累制不符合我国国情。袁志刚（2001）对现收现付制和完全积累制的运行效果进行了对比，通过检验得出，无论养老保险体系采用现收现付制还是完全积累制，养老金增长的关键是最优储蓄率固定不变或稳定增长，二者的效果是相同的，劳动人口增长和劳动生产率提高是养老金给付得以保证的条件。在现收现付制下，如果总储蓄不足，那么采用完全积累制，可以提高国民储蓄[③]。

1.2.2.2 国内关于农村养老保障制度的研究

根据第六次全国人口普查的数据，我国农村老年人口已经达到了9 930万人[④]，农村老年人口远远超过城镇老年人口数量。自从20世纪70年代以来，我国实行计划生育政策，人口出生率大幅度降低，随着经济水平不断提高，近2亿的青壮年农民工迁移到城市，农村人口的老龄化显著快于城镇的老龄化速度，这大大加剧了城乡二元福利差（乔晓

---

① 伊志宏．养老金投资与资本市场：国际经济及中国的选择［M］．北京：中国人民大学出版社，2009.

② 郑功成．论中国特色的社会保障道路［M］．北京：中国劳动社会保障出版社，2009.

③ 袁志刚．中国养老保险体系选择的经济学分析［J］．经济研究，2001（5）．

④ 根据国家统计局网站第六次人口普查数据计算而得。

春，2000）[①]。此外，由于中国“城乡二元经济”模式，农村经济发展水平远远低于城市，养老保障制度和保障水平也远远落后于城市，这对如何建立完善的农村养老保障制度提出了严峻的考验。这不仅关系到中国农村地区的社会经济稳定，也直接影响着和谐社会的发展。

中国农民的养老，历来以土地养老保障和家庭养老方式为主，社区或其他养老保障方式为辅。当今，这些传统养老方式不断弱化，已经不适应社会发展的需要。因此，大量学者对农村养老保障制度进行了探索和研究，大多集中在两个方面：一是农村养老保险体系建立的必要性，二是农民养老保障制度和理论研究。

（1）建立农村养老保险体系的必要性

陈泽军（2007）在公共财政视角下对中国农村社会保障问题进行研究，认为只有农村建立起完善的社会保障体系才能实现全社会和谐文明建设的目标[②]。谢慧明（2008）指出，应妥善处理失地农民养老问题，建立社会养老保障基金，实现农民同质化养老，这才是实现和谐社会的根本[③]。曾庆学（2008）从农村养老保障制度建立的必要性、目前农村养老保障存在的问题及如何完善农村养老保障制度方面对农村养老保障问题进行了深入的研究[④]。秦利等（2008）认为，发展农村社会保障事业不仅能保证农民基本的生活，维持基本生活所需，而且体现了社会制度的生存公平，提高农民抵御风险的能力，在我国社会主义新农村建设中发挥重要的核心作用[⑤]。赵微（2008）指出，农村社会保障制度建设是实现缩小城乡差距、建设有中国特色的社会主义新农村、构建和谐社会的核心；农村社会保障制度建设应把继续完善农村最低生活保障制度、社会养老保障和社会医疗保障作为当前的工作重点[⑥]。

但也有一种观点认为，当前建立农村社会养老保险条件还不成熟。

---

① 乔晓春．未来农村养老问题的估计与判断［J］．市场与人口分析，2000（5）．

② 陈泽军．建立农村社会保障制度，促进和谐社会建设［J］．乌蒙论坛论文集，2007（12）．

③ 谢慧明．和谐社会与失地农民社会养老保障制度安排［J］．新西部（下半月），2008（4）．

④ 曾庆学．社会主义新农村建设中农民社会保障问题探析［J］．安徽农业科学，2008（7）．

⑤ 秦利，王青松．建设社会主义新农村与发展农村社会保障事业［J］．科技成果纵横，2008（3）．

⑥ 赵微．对社会主义新农村建设中农村社会保障制度改革的思考［J］．攀枝花学院学报，2008（2）．

复旦大学梁鸿教授（2007）认为我国农村社会养老保险制度正处于起步和探索阶段，多种试点模式带有地区特色，没有任何一种经验模式可以简单地在其他地区乃至全国加以推广；我国建立农村养老保障的条件尚不具备，财政收入支出还主要面向于经济建设，农村人口所占的比重非常大，第一产业占 GDP 的比例较高，农村大部分还处于小农阶段，在这样的条件下，建立覆盖全农村的社会保障，会滞缓中国经济、社会的快速发展[①]。王国军（2004）认为，农村经济和社会发展、农民民主制度完善、社会进步是农村社会保障制度全面建立的前提条件，但目前我国农村建立社会保障制度的条件还不成熟，国家的财政还面临着不足，无法在短时间建立完善的农村社会保障制度，农村养老社会保障制度的建设应另辟蹊径[②]。杨翠迎和庹国柱对 10 个国家农村养老保障制度进行了实证分析，得出大部分国家建立农民养老保险都是在自身已经完成了工业化发展阶段进入后工业化时期，这个时期已经完成了自身的积累，即工业反哺农业时期，农业比重和农业人口大幅度下降时期。但目前我国大部分农村还处在封闭的小农阶段，地区间水平差距非常大，工业化程度非常低，还不具备建立农民养老保险的条件[③]。杨翠迎（1997）认为，在全国范围内实现农村养老保障是行不通的，在西部和中部落后地区不具备条件；同时，养老保障制度设计本身就存在问题，加上政府在组织和实施过程中出现的偏差，全面实行农村养老保障是不符合实情的[④]。

中国共产党第十六次全国代表大会政府工作报告明确提出，“要在中国有条件的地区进行试点，探索建立适合我国国情的新型农村社会养老保险制度”。党的十一五规划发展纲要中指出，“转变当前城乡二元经济模式，实现劳动者的养老保障公平，建立与经济发展水平相适应的多种形式并存的农村养老保障制度”[⑤]。因此，与社会主义新农村建设相

---

① 梁鸿．农村养老保障：多样而渐进发展［J］．中国社会保障，2007（5）．

② 王国军．建立农村社会保障制度的现实条件与必要前提［J］．理论学刊，2004（6）．

③ 杨翠迎，庹国柱．建立农民社会养老年金保险计划的经济社会条件的实证分析［J］．中国农村观察，1997（5）．

④ 杨翠迎．建立农民社会养老年金保险计划的经济社会条件的实证分析［J］．中国农村观察，1997（5）．

⑤ 《中共中央关于制定国民经济和社会发展第十一个五年规划的建议》，2005 年 10 月 11 日中国共产党第十六届中央委员会第五次全体会议通过。

适应的社会养老保障制度的建立和完善是必然趋势，如何建，以及采用什么模式建，才是真正需要讨论的问题。

（2）农村养老保障模式研究

许多学者从不同角度，对不同养老保障模式之间的优劣等进行了大量的研究，大多数集中在家庭养老保障、社会养老、政府养老救助和综合的养老保障几个方面。

①家庭养老保障模式

在所有的研究文献中，家庭养老保障所占的比重最大，成果最为丰富，大量学者从不同角度对其进行了探索。左学金（2011）提出通过财产继承和农村土地政策等法律来强化家庭养老的模式，通过制度明确家庭成员对农村老人提供养老保障的相关责任[①]。王述智、张仕平（2001）认为，家庭养老在我国农村养老中有着长久的历史传统和浓厚的“孝”文化做基础，同时，家庭联产承包责任制土地制度的实施成为家庭养老的主要经济支柱[②]。王海江（1998）认为，随着家庭养老功能的弱化，建立可靠的社会养老制度势在必行，但在这个过程中，家庭养老仍发挥着重要的作用[③]。周皓（1998）认为，家庭养老向社会养老转化是必然的，但这是一个漫长的演变过程，不可能一蹴而就；家庭养老仍将发挥着重要的作用，将长期存在，不可替代[④]。杨复兴（2005）认为，家庭养老具有独特的文化历史，尤其在对农村老人的生活照料和精神慰藉方面发挥着其他养老方式无法替代的重要作用，未来家庭养老仍然会是我国主要的农村养老方式，因此应建立以起家庭养老为主体、多种养老方式并存的农村养老保障模式，强调农民自身与国家在农村养老中应承担各自的责任[⑤]。另外，国内许多知名学者的著作都赞同或者主张充分发挥传统家庭养老的作用，弘扬传统“孝”文化，积极推进家庭养老。虽然对于家庭养老功能的认知和其未来在农民养老中的作用存在各种各样的观点，但都以我国当前农村经济发展水平和社会制度变迁为

---

① 左学金．我国进城农民工市民化模式探讨［J］．西部论坛，2011（1）．

② 王述智，张仕平．关于当前中国农村养老问题及其研究的思考［J］．人口学刊，2001（1）．

③ 王海江．我国农村养老保险面临的挑战和农村社会养老保险制度的建立［J］．人口学刊，1998（6）．

④ 周皓．谈家庭养老存在的长期性［J］．人口学刊，1998（4）．

⑤ 杨复兴．论新型农村养老保障模式的基本架构［J］．经济问题探索，2005（63）．

基础，在农村养老保障中家庭养老仍将继续担当主要力量。《中华人民共和国老年人权益保障法》明确规定："老年人养老主要依靠家庭，家庭成员应当关心和照料老年人。"[①]《关于完善社会主义市场经济体制的决定》把家庭养老以制度形式确定下来，提出"农村养老保障以家庭为主，同社区保障、国家救济相结合，有条件的地方探索建立农村最低生活保障制度"。[②]

②社会养老保障模式

徐勤（1994）分析了农村家庭养老的各种问题，提出从未来看，社会养老应该是农村养老保障的主流[③]。刘福垣（2009）提出应建立全国统一的养老保障体系，认为建立社会保障是国家职责，应通过税收的方式来解决全体国民的社会保障问题[④]。陆解芬（2004）认为，政府是建立农村社会养老保障制度的主要力量，农村社会养老保险制度的建立，需要政府给予足够的重视和政策扶持，政府是国家收入的征收者和支出者，也只有政府才有这个经济能力在全国范围内建立农村社会养老保险，因此，政府对承担起农民的社会养老有着义不容辞的责任[⑤]。郑功成（2004）认为，政府承担着主导农村社会保障制度变革的社会责任，在农村社会保障资金不足时承担着最后的屏障，政府只是保障人民的基本生活，不应当由其承担全部农村社会保障资金的提供，这不符合劳动公平的本质[⑥]。李迎生（2005）在对政府在农村社会保障制度建设中应承担什么样的角色进行了分析，政府应在架构与当前农村社会经济发展水平相适应的农村社会保障制度、强化农村社会保障的管理、提供资金支持方面，采取有效措施，实现养老金的保值增值，通过立法来加强政府对基金使用的监管等方面主导的作用[⑦]。

③农村养老中政府的责任

刘书鹤（2001）认为，政府财政支出方面的不足，是导致农村社会

① 《中华人民共和国老年人权益保障法》，1996 年 10 月 1 日实施。
② 《中共中央关于完善社会主义市场经济体制若干问题的决定》，2003 年 10 月 21 日中国共产党第十六届中央委员会第三次全体会议审议通过。
③ 徐勤. 中青年家庭养老的现状与问题——对北京市西城区部分中青年的调查 [J]. 社会学研究，1994（4）.
④ 刘福垣. 我们需要什么样的养老模式 [J]. 中国人力资源开发，2009（7）.
⑤ 陆解芬. 论政府在农村养老社会保险体系建构中的作用 [J]. 理论探讨，2004（3）.
⑥ 郑功成. 建设健全中国特色的社会保障体系 [J]. 群言，2004（5）.
⑦ 李迎生. 论政府在农村社会保障制度建设中的角色 [J]. 社会科学研究，2005（4）.

保障发展缓慢的根本原因[①]。汪敏（2007）认为“政府在农村社会保障中应承担其应有的职责[②]”。杜瑞涛等（2008）认为，“财政支出应从过去的经济发展优先向社会服务、教育卫生、文化体育和转移性支付方面转移，这是公共财政制度建立的基本原则，财政制度的建立为农村社会保障制度的建设提供财政支持”[③]。邵美侠（2008）认为，“政府财政对农村社会养老保险补贴不足，导致农村社会养老保障无法实施，这是根本的原因[④]”。魏薇（2007）认为，政府财政对社会保障投入过低，对农村社会保障投入更低[⑤]。邵华杰（2008）指出，“农村最低生活保障制度保护农民基本的最低需求，体现农民在生命面前的平等，维护公民基本的生存公平，这是政府理所应当承担的义务，应由政府财政支出提供这种公共产品”[⑥]。徐通（2008）认为，农民在我国经济发展中所做出的贡献与其城乡社会保障的巨大差距是不公平的，农民对整个国家经济发展所做贡献与社会保障在农村的缺失是极不相称的，政府必须要尽快完善农民的社会保障制度，实现城乡社会保障一体化，才能真正地造福农民[⑦]。郑军等（2009）对农村社会保障建设与经济增长方式之间的关系进行了研究，他们认为不同的经济增长方式会造成政府在农村社会保障建设中所承担的责任不同，因此，通过实现从粗放型向集约型的经济增长模式转变来加强政府在农村社会保障制度建设中的财政作用[⑧]。于凌云等（2008）通过预测分析认为，政府加强对农村社会保障制度的财政支持不会造成国家财政额外的负担[⑨]。

④综合养老保障模式

所谓综合养老保障模式即综合家庭养老、土地养老保障、社会养老保险、政府救助和商业保险整合为一体，分步骤地逐步建立起覆盖全农村的养老保险体系。我国国土面积大、地区发展不平衡，实行城乡二元体制，没有办法实现完全一体化。因此许多学者认为，我国应当采取混

① 刘书鹤．农村社会保障的若干问题［J］．人口研究，2001（5）．
② 汪敏．农村社会保障政府责任［D］．长沙：湖南大学，2007.
③ 杜海涛．盼老真正有保障［N］．人民日报，2006-04-06.
④ 邵美侠．初探我国农村社会关系保险［J］．人口与经济，2008（4）．
⑤ 魏薇．我国农村社会保障制度存在的问题与完善措施［J］．边疆经济与文化，2007（5）．
⑥ 邵华杰．建立农村最低生活保障［J］．合作经济与科技，2008（1）．
⑦ 徐通．论政府在农村养老保险制度中的责任［J］．黑河学刊，2008（2）．
⑧ 郑军．政府行为对家庭养老保障健康发展的影响分析［J］．乡镇经济，2009（11）．
⑨ 于凌云．养老保险、人力资本的公共支出效应研究［J］．财贸经济，2008（2）．

合模式的养老保障模式。王国军（1998）提出“三维”模式，即逐步建立与经济发展水平相适应，实现城镇社会保险与农村养老保险的有机结合。“三维”模式具体为：第一维是指城乡最低生活保障制度的统一，第二维是农村继续发挥社区保障和家庭养老的作用，第三维是以社会保险与商业养老保险为补充①。郑功成（2004）提出了建立个人保障、政府财政补贴、社会养老保险、企业养老负担和商业保险的五层次养老保障模式，在五层次养老保障模式中，社会养老保险发挥主导作用，是农村养老保障的核心②。景天魁（2004）的整合模式，在养老保障方面把基本养老金制度与农村最低生活保障制度整合，以最低保障为底线，多种福利方式共同发挥作用，明确各个主体在农村养老保险实施中的责任与义务③。谭克俭（2002）提出的四种保障机制模式，认为将现有社会保障、家庭养老、个人自我保障和社区养老保障有机地结合，制度化整合这四种保障模式机制，优化各种养老机制，相互补充，发挥家庭养老和社区养老的重要作用④。白维军（2009）提出，根据农村经济发展水平的地区差异，对发达地区、欠发达地区和贫困地区进行农村社会保障制度的整合，差别化、渐进化、层次化实施非均衡的农村养老保障制度，最终实现农村养老保障制度的统一⑤。穆光宗（2000）则提出，建立以社会养老、家庭养老和自我养老为基本养老方式，社会养老保障和社会化助老事业为最重要的补充的“3+2”养老概念，从而满足农村不同人群的养老需求”⑥。袁春瑛、薛兴利、范毅（2002）在对农村养老保障现状的研究中提出，传统的家庭养老和土地养老保障方式正面临着困境，功能在逐步弱化，单独依靠社会养老是无法保证农民未来的养老的，解决这一难题的关键是传统养老方式与社会养老相结合⑦。万克德（2000）提出建立“家庭-社会”养老双轨制，以家庭养老为主、社会养老为辅的保障模式，充分发挥二者的合力，才是我国农村养老的现实

---

① 王国军. 社会保障从二维到三维［J］. 科技导报，1998（8）.
② 郑功成. 建构多层次的老年保障体系［J］. 21世纪经济报道，2004-09-20.
③ 景天魁. 底线公平与社会保障的柔性调节［J］. 社会学研究，2004（6）.
④ 谭克俭. 农村养老保障机制研究［J］. 人口与经济，2002（2）.
⑤ 白维军. 我国农村养老保障的“碎片化”与制度整合［J］. 经济体制改革，2009（4）.
⑥ 穆光宗. 中国传统养老方式的变革和展望［J］. 中国人民大学学报，2000（5）.
⑦ 袁春瑛，薛兴利和范毅. 现阶段我国农村养老保障的理性选择——家庭养老、土地养老保障与社会养老相结合［J］. 农业现代化研究，2002（11）.

和理想选择[①]。公维才（2008）认为，建立以政府养老、社会养老、政府补充养老保险、家庭养老和个人自我养老五层次的养老保障模式，充分发挥这五种养老方式的组合作用[②]。中国农村人口众多且地区经济发展极度不平衡，杨翠迎（2005）认为，任何一种养老模式都无法达到最优的效果，只有将家庭养老、社会养老和社区养老有机地结合起来，才能有效地解决中国农村养老的问题[③]。张长有（2008）认为，应引入个人、家庭、集体、国家多元化的农村养老保障主体，充分发挥社会养老保险和社区养老服务作用，即社会养老保险提供养老保障的资金，社区养老制度提供养老保障的生活照料和精神抚慰[④]。

1.2.2.3 国内关于土地养老保障的研究

由于国外的土地产权制度与国内的土地产权制度有本质的区别，几乎没有国外的学者对其本国土地养老保障的研究，有关土地养老保障的研究都是国内的学者进行的。所谓的土地养老保障是指农民依靠土地生产或租赁自己承包的土地使用权来获得养老所需。对于土地养老保障的作用，存在两种截然不同的观点。一种观点认为土地养老保障功能弱化，土地养老保障本身就是一种非正式的养老模式，现在实际上已经承担不起农民的养老作用。杨琴（2009）认为，土地养老保障是我国农村养老保障制度尚未完全建立、国家社会保障缺位下农民被迫自发地进行的自我保障，不是真正意义上的社会保障，不能完全替代社会保障承担养老的作用，是一种不健全的、落后的保障[⑤]。潘漪、陆杰华（2004）从老人养老的需求与土地收入供给角度来分析土地养老的现状，从地区差异、家庭特征、人口特征三类因素中选取相应指标，采用 Logistic 回归来分析哪些因素对土地养老保障的能力造成影响，得出结论：地区之间存在很大差异；子女的年龄、文化程度、从业类型差别很大；家庭结构大，土地养老的可能性小[⑥]。姜长云（2002）认为，土地成为农民基本生活收入的主要来源，这严重阻碍了农村经济的发展。由于农村土地

① 万克德. 世纪之交的中国农村养老问题透析 [J]. 人口学刊，2000（1）.
② 公维才. 我国农村社会养老保险的三元模式 [J]. 学习与实践，2008（12）.
③ 杨翠迎. 中国农村养老保障何去何从？——对农村养老保障现状与问题的思考 [J]. 商业研究，2005（8）.
④ 张长有. 中国农民社会养老保障制度模式研究 [J]. 江西农业学报，2008（10）.
⑤ 杨琴. 我国农村土地养老保障初探 [J]. 知识经济，2009（2）.
⑥ 潘漪，陆杰华. 农村土地养老状况及影响因素分析 [J]. 中国人口科学（增刊），2004.

家庭联产承包责任制造成了土地被分割成小块归属于各个家庭，生产规模过低，土地利用效率很难提高，农民依靠土地养老，把农民束缚在农业生产，这不利于劳动力的转移，不利于土地的合理配置和正常流转，不利于建立社会养老保障制度，不利于人口素质的提高①。亓昕（2010）通过对目前农民生存情况的分析，认为土地养老、家庭养老并不是农民自愿选择的养老方式，而是迫不得已的结果，农民技能的匮乏造成他们只能以牺牲远期利益为代价，同时，国家的经济发展政策制定时根本没有顾及农民的利益，造成农村养老保障政策运行低效，以及农民养老方式的错位②。邓大才（2002）则主张取消土地的社会保障功能，实行城乡一体化的社会养老保障制度③。李郁芳（2001）认为，应在重视土地养老保障作用的同时，建立和完善社会养老保险，发挥两者的合力④。从文艳（2008）认为，土地养老保障的弱化和农村人口老龄化的加速已经不能满足农村养老的需求，应当建立覆盖整个农村的养老保险制度⑤。另一种观点认为，土地养老保障功能的社会保障功能应该得到延续。乐章（2005）通过实证研究得出：由于我国农村社会养老保障制度长期对农民的忽视，造成我国社会保障制度建设中对农民的自然排斥，农民对依靠国家和社会实现养老基本没有预期，农民只能选择与自己的生活方式和养老传统相符合的土地养老保障作为自己主要的养老方式⑥。陈锡文（2003）认为，土地才是农民最可靠的养老保障⑦。许月明（2006）认为，对于农民来说，土地的保障功能要强于土地的生产功能，目前我国还没有建立完善的社会保障机制，农村社会保障政策还不健全，因此，农民主要的保障还是依靠土地⑧。韩芳（2008）认为，土地养老是家庭养老的重要组成部分，是家庭养老经济的主要来源，但目前土地所获得的收入对农村养老经济的支撑作用在下降，通过土地资本

---

① 姜长云．农村土地与农民的社会保障［J］．经济体制比较，2002（1）．
② 亓昕．农民养老方式与可行能力研究［J］．人口研究，2010（1）．
③ 邓大才．承包土地经济功能与社会功能的矛盾与协调［J］．南京经济学院学报，2002（1）．
④ 李郁芳．试析土地养老保障在农村社会保障制度建设中的作用［J］．暨南学报：哲学社会科学版，2001（6）．
⑤ 从文艳．我国农村养老问题及对策［J］．民营科技，2008（12）．
⑥ 乐章．风险与保障基于农村养老问题的一个实证分析［J］．农业经济问题，2005（9）．
⑦ 陈锡文．新世纪的“三农”问题［J］．求是，2003（13）．
⑧ 许月明．土地家庭承包经营制度绩效与创新研究［D］．武汉：华中农业大学，2006．

化、改变土地的使用方式、加快土地流转实现经济规模、加快农村产业结构升级等措施来提高土地养老保障功能，使得家庭养老、社会养老与土地养老保障有机地结合，摆脱传统养老弱化的困境，发挥土地养老保障应有的职能[①]。杨洁（2004）认为土地养老保障现阶段仍然发挥着重要的作用，主张把土地养老保障作为农村养老保障的核心，在国家没有建立完善的农村社会养老保险体系之前，土地的保障作用应该以法律的形式加以确定下来[②]。有的学者认为土地不仅提供了养老保障，还提供农民医疗保障、失业保障和生活保障。

1.2.3 现有文献的评价

国内外学者的众多研究成果成为当前国际和我国农村养老保障的改革与发展的重要理论基础，也为本书研究农村养老保险体系中农村土地养老保障水平研究提供了理论基础和研究方法的借鉴。本书的选题是从农村养老保险体系中土地养老保障水平实证分析入手，由于西方国家没有土地养老保障的问题，因此在国外研究中这类方面的文献较少，而且其中多数为国外学者对中国土地养老保障问题的研究；国内关于土地养老保障的研究大都是在家庭养老研究中提及，农村土地养老保障对农民的养老作用尚未有全面的系统研究，更没有从目前我国已经基本建立的农村养老保险体系中，对土地养老保障水平和土地对农民的养老贡献进行研究；关于土地养老保障的研究大多集中在土地弱化的宏观定性研究上，对土地养老保障水平的定量研究鲜有分析。这些都为本书研究提供了创新的可能。

1.3 研究思路与结构安排

1.3.1 研究思路

本书研究的要点：在传统养老保障功能弱化的背景下，土地养老保

① 韩芳．农村土地养老保障功能的调查与思考［J］．经济研究导刊，2008（14）．

② 杨洁．完善农村社会保障的新思路——论土地养老保障制度的建立［J］．开发研究，2004（4）．

障对农民养老的贡献如何，是否存在弱化；能否建立统一的土地养老保障水平测算模型；不同地区、不同土地类型的土地养老保障水平的差别及主要影响因素；分析土地在农民养老中的贡献程度；预测未来土地养老保障在农村养老贡献的趋势。只有真正地解决以上问题，才能从农村养老保险体系中土地养老保障水平的角度探索出农民养老的实现路径和政策选择。

从中国农村养老保险体系中土地养老保障制度的发展脉络入手，指出在目前已经建立主要包括土地养老保障、社会保险、家庭养老、政府救助和商业养老保险“五支柱”的农村养老的保障体系，土地制度及土地养老保障制度的历史演变，为本书的核心研究提供了现实制度依据。

依据中外相关理论和经济研究的内在规律，构建土地养老保障水平数理模型。通过理论推导和实证分析相结合，在确定现实人均农业收入、耕种土地收益分配系数、出租土地收益分配系数和土地养老保障系数的基础上，构建出耕种土地养老保障水平和出租土地养老保障水平两序列的数理模型。

通过数据的收集和整理，测算出农村人均土地养老保障水平的总体情况；按照地域的不同，测算各地区人均土地养老保障水平，并指出人均土地养老保障水平地区差异形成的根源；根据土地用途（耕地、林地、草地、渔业用地）的不同，测算出不同行业的人均土地养老保障水平，并分析人均土地养老保障水平的行业差异。

依据 ELES 模型确定农民养老保障的需求，确定农村养老保障适度水平区间；分别从土地养老保障的水平贡献和适度贡献两个维度，采用绝对总量分析和相对指标分析两种方法，对农村养老保险体系中土地养老保障水平进行实证分析和贡献研究。

依据参数的变动，预测未来人均土地养老保障水平和农民养老需求的变动趋势，对未来农村土地养老保障水平进行实证分析；探讨土地在农民养老中保障功能得以实现的运作机理，结合目前我国农村养老保障发展的现状，提出在多支柱的农村养老保险体系中土地养老保障功能得以发挥的实现路径。

1.3.2 结构安排

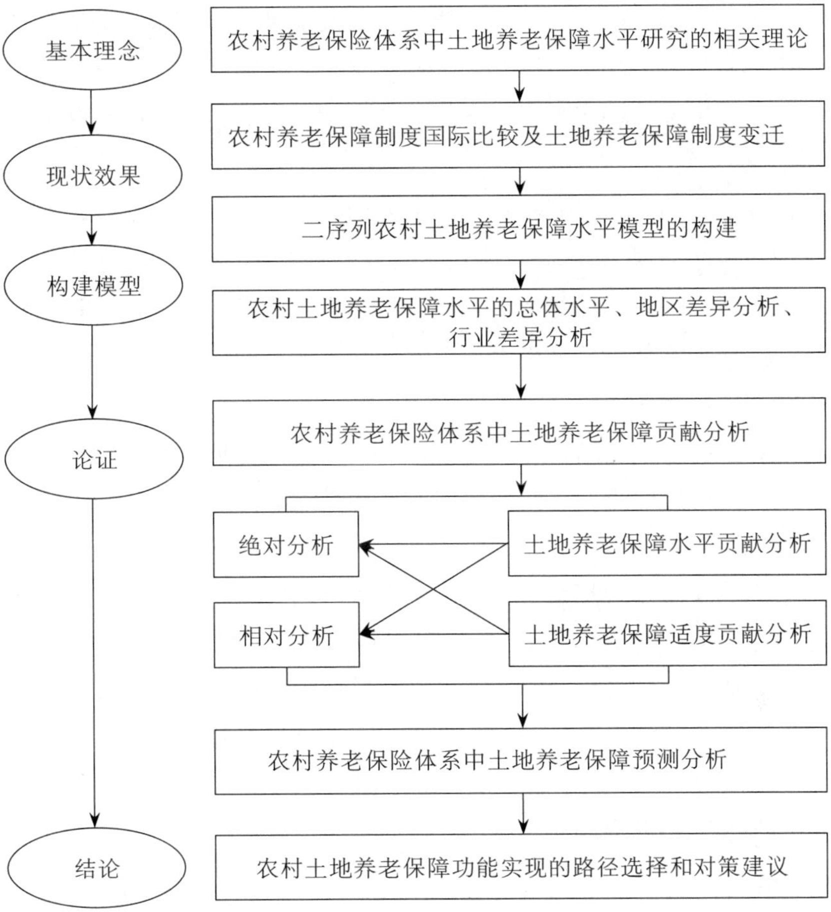

1.4 研究方法

理论研究与实证分析相结合。从理论演进出发，通过对中外有关理论的梳理和依据经济运行的内在规律，结合中国特殊的国情和当前农村经济发展水平，提出建立农村养老保险体系，实证研究农村养老保险体系中土地养老保障水平。另一方面，构建土地养老保障水平的数理模型，测算出土地养老保障的总体水平、各地区水平和各行业水平；依据

ELES模型确定农村养老保障的适度区间，创新性地提出两序列、两维度和两方法的研究思路，构建“一缺口、两指数”的指标体系，对土地养老保障的贡献进行实证分析；假定参数的变动，预测未来土地养老保障水平和农村养老保障适度水平，并对土地养老保障水平进行预测和分析，提出在多支柱的农村养老保险体系中土地养老保障功能得以实现的政策建议。

定性分析与定量分析相结合。一方面，以经济理论为基础，遵循经济学研究的内在逻辑和基本范式，对农村土地养老保障的贡献进行推演。另一方面，以计量经济学、经济学和人口统计学为依据，利用相关数据对农村养老保险体系中土地养老保障水平进行实证研究，利用多学科的交叉方法解决实际问题。

比较分析法。本书通过对不同土地类型、不同地区的土地养老保障水平进行了比较分析，试图发现造成土地养老保障水平地区和行业差异的内在原因。

静态和动态分析相结合。农民养老问题解决是一个动态的、发展的过程。土地养老保障水平和国家的农村养老政策都处于不断的变化中，因此，在研究中需要用发展的眼光进行分析，既要考虑当前阶段的土地养老保障的水平，又要结合未来发展的变化进行前瞻性的研究。

1.5 创新与不足

理论创新：在对农村土地养老保障水平研究的基础上，为了实现农民的老有所养，提出了建立多支柱的农村养老保险体系。在对农村养老保险体系中土地养老保障贡献度的研究中，创新性地提出二序列、两维度、绝对总量分析与相对指标分析结合的研究框架。

方法创新：通过理论推导和实证计量，构建出二序列的土地养老保障水平数理模型；在消除各地区物价水平差异的基础上得到各地区和各行业的土地养老保障水平，并分析造成差异的内在机理；构建“一缺口、两指数”的指标体系实证分析土地养老保障对农民养老的贡献；在充分考虑因素变动的基础上，对未来土地养老保障水平和养老贡献进行预测。得出结论：未来土地养老保障在农民养老中仍会发挥着重要作用，但单独依靠土地养老保障无法实现农民的适度养老，整合和发挥多种养老方式的合力才能有效地解决农民的养老问题。

由于相关参数的实证数据均来源于文献、统计年鉴和抽样调查结果，其准确度影响到精算的结果。土地养老保障水平标准设定的复杂性，各地区、各类型的差别很大，鉴于作者的个人能力，很难把造成土地养老保障水平的地区差异和行业差异因素全部考虑到，因此计算结果的精确程度有待提高。对未来土地养老保障水平进行趋势分析时，无法准确地预测未来，同时又受到多因素的影响，在分析时无法把所有的因素全部考虑在内，因此预测结果会与实际有些出入，但不影响结论。

鉴于以上不足，作者以后将会进行更加深入的研究。

第2章　农村养老保险体系中土地养老保障的相关理论

2.1　制度变迁理论

作为经济学核心理论的制度变迁理论，是解释我国农村养老保障制度变迁的重要理论依据。

2.1.1　制度与制度变迁

制度被定义为由人设定的行为准则，制度广泛涉及社会、经济和政治行为[①]。不同制度具有不同的功能，有的制度能够实现收入再分配，有的制度能够促进经济生产[②]。但无论什么样的制度发挥着什么样的功能，制定和评价制度的根本标准都是安全性和效率性。

制度的效率是千差万别的，如何在各种可选的制度中，选择最合适

---

① SCHULTZ.Institutions and the Rising Economics Value of Man [J]. American Journal of Agricultural Economics 50, No 5, December 1968.

② 王杰. 制度、制度变迁与经济发展 [M]. 北京：经济日报出版社，1997.

的，这是管理者最为关心的。任何一种制度都不是亘古不变的，随着社会发展和制度环境的变化，原来高效率的制度变成低效率的制度，制度本身也必然会随之发生变化，制度经历产生、发展、衰退及消亡的过程，就是所谓的制度变迁。

诺斯认为，制度变迁总是遵循一定的规律，沿着特定的发展路径深化的，随着交易成本的增加和知识的积累，有效地约束个人不确定的行为，有效地降低交易成本和减少风险，制度会不断地演变，这个演变的过程就是制度变迁或制度安排[①]。拉坦（1994）认为，制度变迁取决于创新成本和知识基础，制度变迁是人们对现有制度认识的一种反应，不可能超越现实条件，制度变迁能否发生及如何发生需要各种要素的相互配合[②]。

2.1.2 制度变迁的模式

林毅夫将制度变迁分为诱致性制度变迁和强制性制度变迁，这是新制度经济学有关制度变迁具有代表性的两个观点。

诱致性制度变迁是指由个人为了逐利而自发形成、组织和实施的自下而上的行为。随着社会和经济发展，制度本身的效率发生了改变，成为阻碍社会进步的绊脚石，因此需要一种新的制度来替代旧的制度，诱致性制度变迁的本质是市场主导型的。在诱致性制度变迁过程中，政府通过疏导和加强管理的方式来间接影响制度变迁。诱致性制度变迁的优点是具有自发性、广泛参与性、内存稳定性的特点。其缺点是改革成本较高，改革时间长，制度的决策具有时滞性。由于制度的主体会发生变化，不利于改革的进行，改革的动力不够，改革无法创新造成制度修正的不彻底[③]。强制性制度变迁是一种自上而下由政府主导的制度变迁方式。强制性制度变迁的优点是推动力度大，改革实施没有时滞，对旧制度的变革巨大。其缺点是改革的效率低和改革风险较高。

诱致性制度变迁与强制性制度变迁都是对落后的旧制度进行的变

---

① 科斯 R，安尔钦 A，诺斯 D．制度变迁和经济增长［M］．［译者不详］．上海：上海人民出版社，2005．

② 科斯，诺斯，等．财产权利与制度变迁——产权与新制度学派译文集［M］．刘守英，等，译．上海：上海三联书店，1994：96-114，201-216，327-371．

③ 卢现祥．新制度经济学［M］．武汉：武汉大学出版社，2004．

革，都遵循安全性和效率性原则，需要衡量成本和收益。但两者也有本质的区别：首先，制度变迁的主体不同，前者是微观主体而后者一般是政府；其次，两者特点不同，前者具有自发性而后者具有效率，前者具有稳定性而后者推动力强；最后，两类制度变迁模式面对的困难也不同，后者面临的主要困难是存在“免费搭车”行为，前者却受到决策者的个人有限理性的制约。

两种制度变迁模式相互补充、相互促进，当市场和人为的因素导致诱致性制度变迁无法进行时，国家必然要替代微观主体实施强制性制度变迁。但有时在某些特定的情况下，制度变迁不可能由政府完成，只能由微观主体来实现。

2.2 社会保障的生存公平和劳动公平理论

2.2.1 劳动公平和生存公平的含义

穆怀中认为（2009），在当前我国经济还不发达，地区间差距明显，城乡二元体制仍然没有消除的情况下，社会保障体系建立只能构建以“生存公平为基础、劳动公平为基本”的原则，满足人民基本生存的需求，提供项目齐全和内容完备的保障。生存公平体现每个人都有基本生存的权利，在生命面前是平等的，应当享受保证其存在的基本生存需求。在社会保障基本养老金方面，体现的是生存公平，每个人享受国家提供的最基本的社会保障。在社会保障的个人账户方面，体现的是劳动公平，“多劳多缴，多缴多得”，反之就少得，劳动者的社会保障水平与其缴费程度是有直接关联的，体现了劳动者的个人缴费责任，社会保障水平应高于生存公平。保障人最基本的生存，消除贫困和地区差异，是生存公平的本质，也是建立社会保障的基本出发点。保障公民享有更高层次的保障水平，分享经济增长的成果，是劳动公平的基本出发点，让有能力的人们享有更高程度的保障水平。生存公平是社会保障制度建立的基础，劳动公平是社会保障制度向更高层次的延伸。

2.2.2 社会保障体系"生存公平"建立原则

城乡社会保障体系的建立应该以"生存公平"为准则、"劳动公平"为目的。首先，建立保障人们基本生存的最低生活保障制度；其次，建立保障人们安全需求的医疗保障制度；最后，当经济发展到一定程度时，实现最低生活保障制度和医疗保险制度的城乡一体化。最低生活保障制度体现了生存公平，让贫困人口都能享受到最基本的生存权利。而社会养老保障的个人账户部分则体现劳动公平，通过多劳多得、多缴多得来实现。在城镇职工基本养老保险制度安排中的社会统筹部分集中体现了生存公平，养老保险中的个人账户部分则更多体现了劳动公平。社会医疗救助、基本医疗保险和新型农村合作医疗制度，都反映了社会保障中的生存公平。①

2.3 生产要素分配理论

生产要素是指用于生产的物质产品和服务的总和，不同生产力阶段和社会发展水平，生产要素的内容是不同的。生产要素是指进行商品生产所必需的一切物质或条件②。最初的市场经济理论中，把资本、劳动、土地看成是最主要的生产要素，但随着西方经济理论的发展，其他要素也被纳入生产要素的范围，比如企业家才能、信息、技术等。

19 世纪的经济学家萨伊最先提出了生产要素分配理论，认为商品本身的价值是由资本、劳动和土地三个要素共同投入创造的结果，生产要素的价值应依据各自对生产的贡献程度来进行分配，生产要素的提供者获得各自应得的收益：资本提供者获得利息，工人获得工资，土地的所有者获得地租③。克拉克在《财富的分配》中全面系统地阐述了边际生产力分配问题，提出了按贡献分配理论，主要解决利息、工资和地租的决定问题，而不是谁得多少④。马歇尔在《经济学原理》中将收入分

---

① 穆怀中. 城乡社会保障体系建设中的"生存公平"问题［EB/OL］.（2009-09-07）. https://www.sinoss.net/2009/0507/15139.html.

② 陈文科. 深刻认识劳动价值论的若干问题［J］. 湖北经济学院学报，2003（1）.

③ 萨伊. 政治经济学概论［M］. 北京：商务印书馆，1982：328.

④ 克拉克. 财富的分配［M］. 王翼龙，译. 北京：华夏出版社，2008.

配问题解释为如何把国民收入分解成各个生产要素的分配，国民收入的要素分配是按其各自的边际需要分配的，生产要素各自的份额就是生产要素各自的价格①。

宏观分配理论是20世纪30年代发起的，是建立在生产函数和替代弹性的微观分配理论的基础上，以生产要素的边际生产力建立的生产函数。最著名的生产函数就是科布-道格拉斯生产函数，简称为C-D函数。其基本形式为：

$$Y = F(K, L) = AK^{\alpha}L^{\beta} \tag{2.1}$$

式中：Y 表示总产出；L 和 K 分别表示生产中投入的劳动要素和资本要素；A 表示现有的生产技术水平；a 表示劳动投入的产出弹性；β 表示资本投入的产出弹性。从分配角度看，a是产品中劳动的收入分配份额；β 是资本的收入分配份额，且 $a+\beta=1$。这说明收入中资本和劳动的分配份额保持不变。新古典主义理论也认为技术变化也会对收入份额的变化产生影响。

罗素提出的全要素分配理论的核心是，根据要素在各个时期或在一个时期的不同阶段要素价值取决于其剩余索取权的大小，并根据各自要素投入的剩余索取权进行分配。罗默认为经济增长要素包括资本、劳动、技术和知识，认为知识是经济增长最主要的源泉，对知识性积累及贡献度进行了详细的分析②。

总之，现代西方经济学主流的收入分配理论继承并发展了萨伊的理念，将人的劳动看作生产要素，后来又加入了企业家才能、信息、技术等并将其统称为生产要素。他们把劳动看作一种物质，要素的分配是根据各自对产出的贡献率来分配的。在市场经济条件下，各种生产要素按其投入的大小和其贡献的多少来获取相应的报酬，这有效地实现了资源的合理配置，强调了价格这双“看不见的手”在资源配置中的作用。

---

① 马歇尔. 经济学原理［M］. 宴智杰，译 . 北京：华夏出版社，2007.
② ROMER. 高级宏观经济学［M］. 上海：上海财经大学出版社，2001.

2.4 农村养老保障理论

由于国外不存在我国的城乡二元模式，因此没有专门的理论研究是针对农村的养老保障问题的。我国在改革开放之后迎来了养老保障理论研究的高峰，大多集中在城镇的养老保障方面，对农村养老研究并不深入。随着1986年全国各个省市开始农村养老保障的试点，以及后来出台的一系列政策和制度改革，农村养老保障研究成为热点，大量学者从不同角度进行了深入的理论研究。

2.4.1 农村养老保障需求论

养老保障是满足人类生存和发展最基本需求的社会机制。需求理论是美国著名的心理学家马斯洛提出的。马斯洛提出人的需求是多层次的，像一个阶梯似的递进的关系，分别为：生理需求、安全需求、爱的需求、尊重需求和自我价值实现需求①。只有当最低层次的基本生存需求被满足后，人们才会去追求更高层次的精神需求。对于农村的老年人来说，他们最基本的、最低层次的需求就是维持自身生存需要的消费，其次就是保障有病能医的安全需求，只有这些需求被满足后才会有更高层次的精神需求。对于农村来说，由于农村养老保险体系尚未完全建立，生存需求得以保障，成为农村老人的第一需求。

我国政府日益重视实现农民基本生存需求的养老保障制度的建设，国家在财政方面的投入逐年增加，建立和完善农村社会救助制度和最低生活保障制度，“新农合”和“新农保”逐步推进和完善，这些都是保障农民最基本的需求，试图消除风险，解决农民的后顾之忧。

---

① 按照马斯洛需求层次理论，可把人的需求分为生理、安全、社交、尊重和自我实现五个呈现梯级的层次，低层次需要得到满足后又会产生更高的需要。生理上的需要是人们最原始、最基本的需要，如吃饭、穿衣、住宅、医疗等，它们是最强烈的不可避免的最底层需要，也是推动人们行动的强大动力。安全的需要要求劳动安全、职业安全、生活稳定，希望免于灾难，希望未来有保障等。社交的需要也叫归属与爱的需要，是指个人渴望得到家庭、团体、朋友、同事的关怀、爱护和理解，是对友情、信任、温暖、爱情的需要。它包括社交欲即希望和同事保持友谊与忠诚的伙伴关系，希望得到互爱和归属感（希望有所归属，成为团体的一员，在个人有困难时能互相帮助，希望有熟识的友人能倾吐心里话、说说意见，甚至发发牢骚）。尊重的需要可分为自尊、他尊和权力欲三类，包括自我尊重、自我评价以及尊重别人。与自尊有关的，如自尊心、自信心，对独立、知识、成就、能力的需要等。自我实现的需要是最高等级的需要。满足这种需要就要求完成与自己能力相称的工作，最充分地发挥自己的潜在能力，成为所期望的人物（阮赟，2007）。

2.4.2 农村养老保障生命周期论

生命周期理论是指一个理性的消费者，会在一个生命周期内追求自己的效用最大化。个人在安排一生的消费时必然会考虑随着年龄的增大，逐渐丧失了劳动能力，无法获得维持其生活的收入来源，因此需要外部援助或在有收入的年青期将部分收入储蓄起来以备将来年老所需。生命周期内效用的最大化，对于理性人来说，为了应对老年的养老必然会选择储蓄。对于整个社会而言，老龄人口如果占的比重过大，将会影响到整个社会的劳动生产率、财政福利支出和社会稳定，因此，一个国家进入老龄化社会之前，应采取各种方式来储备社会养老资金，来应付人口老龄化的趋势。对于生产力低下、人口众多、积累少的农村，更是如此。如何合理地安排农民在一个生命周期内的消费和储蓄之间的关系，建立惠及所有农民的农村养老保障体系，是建设社会主义新农村的关键。

2.4.3 农村养老保障风险论

经济学家 Samuelson 和 William 在 1998 年其经典的著作《经济学》中第一次系统阐述了人类经济行为受社会风险的影响程度，他们认为，“人们为了防范生活中的不确定性，降低风险，避免未来收入的降低和消费的下降，从而提高当前的储蓄，这必然会导致社会福利的改善”①。风险是无处不在的，每个人都无法在风险面前独善其身。而对于经济发展水平和生产方式相对落后的农村，风险带来的冲击性可能就更大，同时，越贫困的人群，风险的不确定性可能就越多，资源的分配会更加强化这种不公平，从而导致“马太效应”。农民往往是社会风险的最大受害者，最需要国家通过制度化的风险化解机制来保证农村持续、稳定地发展。

对于农民养老来说，存在着最大的不确定性就是人能存活多久，那么年老的生存费用也就是年老的经济来源是不确定的，是一种风险。根

---

① 萨缪尔森，诺德豪斯．经济学［M］．萧琛，等，译．北京：华夏出版社，1999.

据上面介绍的生命周期理论，每个人都需要为年老进行当期的储蓄，但应当储蓄多少，到年老时是否够用，这是不确定的，无法预期。单靠个人是无法消除这种风险的，根据大数定律，农村社会养老保险就成了农民消除这种风险的最佳选择。

2.4.4 农村养老交换论

社会学家霍曼斯首先提出交换论。他认为，社会人都是理性的，人与人之间必然存在一种互惠的交换模式，只有当双方交换时都获得对自己有利的东西，这种行为才会存在。当然，这种交换行为互换的东西可能是物质也可能是无形的商品，比如服务等[①]。社会过程是一种价值资源的交换，所有的社会活动都是行为者之间价值资源的交换行为。

在我国，农村家庭养老是建立在道德约束基础之上的代际转移行为。父辈和子女之间存在着双向、互惠的哺育关系，父母抚养和教育子女，长大后的子女赡养父母。所以，父母对子女的抚养可以看作一种对未来养老的投资，子女对父母的赡养是对投资的回报。但老人在这一交换中处于弱势地位，利益难以得到保障。这是因为道德约束的效力太低，无法具有很强的约束力。同时，中国观念和社会的发展，传统文化的没落，使道德风险增大。农民家庭养老跨度长达几十年，权利和义务分割使他们的利益难以得到保障[②]。

交换理论为我们研究农村土地养老保障政策的制定提供了理论方向，农村老人应当依靠土地来换取子女对父母的养老资助、生活照料和精神慰藉。

2.4.5 农村养老保障系统论

养老保障是一个多维的体系，由个人、家庭、社会、国家共同支撑起的养老体系。养老保障支持体系是由这四个要素由内到外的共同作用所组成的环状层次性结构，以个人为主，家庭、社会和国家依次逐级补

---

① 华莱士，沃尔夫．当代社会学理论［M］．刘少杰，等，译．北京：人民大学出版社，华夏出版社，2008.

② 周伟文，严晓萍，赵魏，等．城市老年群体生活需求和社区满足能力的现状与问题的调查分析［J］．中国人口科学，2001（4）．

充，共同支撑整个养老系统。

依据这个理论，农村养老保障系统的建立也应该通过这四个要素共同作用实现，共同作用力的大小直接影响农村养老保障的水平。其中，社会起主要作用，四者相互共同支撑农民的养老保障，确保农村养老保障系统的科学运行。

2.5 多支柱农村养老保险体系理论

建立多支柱的养老保障体系是在实践中得以证明的最佳养老保障改革方案，大多数国家都采用这种养老方式。建立适合我国国情的农村养老保险体系也应遵循多支柱原则，以农村养老保险适度水平为主线，实现社会保障、土地养老保障、家庭养老和社会救助的有机结合，最终完成养老保险制度城乡一体化，构建“一元化、两序列、三账户、五支柱”的新型农村养老保险体系。“一元化”是指养老保障制度城乡一体化；“两序列”是指有土地和无土地两种类型农民的农村养老差别化保险体系；“三账户”是指农村养老保险制度以“基础养老金账户、地方激励养老金账户、个人账户”为核心的三个基金账户模式；“五支柱”是指农村养老保险体系由中央、地方、家庭、个人和市场五种力量支持。

城乡养老保险“一元化”是我国社会保障制度建设的最终目标，可实现新型农村养老保险、城市居民养老保险和城镇职工养老保险的整合。随着我国经济的发展，大量农民土地的流转造成了农民失去了原有承包的土地，产生了“有土地”和“无土地”的两个序列农民。由于“无土地”农民无法从土地获得保障，从而导致有无土地农民养老水平的差异化。为了解决农民养老的分化现象，需要通过政府的补贴方式对失去土地的农民进行养老补偿，从而实现“两序列”农民养老水平同质化发展的目标。

农村养老保险“三账户”模式是指：第一账户是国家基础养老金，保障农民基本的生存，由中央财政补贴，与农民缴费脱钩；第二账户是地方激励养老金账户，即由地方财政负担的一种基础养老金，为地方财政补贴部分，起到经济发展的激励和参保缴费激励功能；第三账户是个人缴费和集体补助的个人账户，体现了农民的劳动公平，个人多缴多得。

农村养老保险体系“五支柱”是在借鉴国际上多支柱养老保险体系实践经验的基础上，结合中国农民养老传统所形成的养老支持体系框架。中国农民获得养老支持的渠道较为复杂多样，例如社会养老保险制度、土地养老保障、家庭养老、社会救助和商业保险等其他农村社会保障制度，这些保障方式共同保障了农民养老的需求。

第3章　农村养老保险体系中土地养老保障制度变迁

在社会养老保障缺位时期，土地养老保障成为农民最信赖的养老方式，在农民养老中发挥着无以取代的作用，这也是农村养老与城镇养老的根本区别。但随着中国经济的发展和农业生产方式的转变，中国农村的养老模式也悄然地发生着转变，多支柱的农村养老保险体系基本建立，土地养老保障制度也在不断地发生着变化。

3.1　我国多支柱的农村养老保险体系

农村养老保障模式的选择是受当前的社会结构、农民家庭结构、农村经济发展水平、农民的保障意识等因素的制约。实践说明，虽然家庭养老面临着各种困难，但仍是其他养老方式无法替代的。同样，在当前我国土地制度和农村经济发展水平下，尽管土地养老保障功能还十分有限，但没有哪种养老方式能够代替土地成为大多数农民的“衣食父母”，同时农民还可以利用承包的土地使用权来换取来自子女或国家的养老保障。随着土地稀缺性的凸显，以及农业生产水平的进一步提高，土地养老保障将会在农民养老中发挥更大的作用。商业养老保险对于大多数收入不高的农民来说是根本无法承担的，因此，商业保险在农民养老中的作用几乎可以忽略不计。因此，要想建立与社会主义新农村发展相适应的农村养老保险体系，从根本上解决农民的养老问题，整合现有的养老模式，建立多支柱的农村养老保险体系是必然的。在继续发挥家庭养老的功能、提高土地养老保障、深化政府社会救助的基础上，分阶段、分地区地逐步推进新型农村社会养老保险，整合多种养老方式，构建科学的农村养老保障体系，才是解决农民养老的必由之路。

3.1.1 农村养老保险体系的构成

目前中国已经初步建立起以土地养老保障为基础、农村社会养老保险为支柱、家庭养老和社会救助为辅助、商业养老保险为补充的农村养老保险体系。这里，作者将土地养老保障看成单独的一种养老方式，并把它从家庭养老中分离出来进行分析。

3.1.1.1 家庭养老

家庭养老是指由子女或家庭成员，即基于血缘关系的成员对家庭中的老人提供物质帮助和精神慰藉，安排老人的吃、穿、住、用及身后事，在家庭内部进行代际交换的养老方式。国家通过《中华人民共和国婚姻法》[①]《中华人民共和国老年人权益保障法》[②]等法律对赡养老人的问题进行强制规范，这标志着家庭养老受到法律的确认。中华民族是一个讲究“孝道”的民族，自古就有“尊老”文化，家庭养老有其存在的社会条件和历史背景。

在农业社会，家庭养老是占主导地位的养老方式，而社会养老一般是以救助的方式出现的，是对家庭养老的一种补充。但随着生产方式的转变及经济社会的深入发展，社会保障制度的建立，成为养老的主流。由于我国尤其是广大的农村生产水平落后，大多数生产是以家庭为单

---

① 1950年4月30日，中华人民共和国中央人民政府颁布《中华人民共和国婚姻法》，第二十一条规定：父母对子女有抚养教育的义务；子女对父母有赡养扶助的义务。

② 《中华人民共和国老年人权益保障法》(1996年8月29日第八届全国人民代表大会第二十一次会议通过）第十三条明确规定：老年人养老主要依靠家庭，家庭成员应当尊重、关心和照料老年人。

位，“孝道”文化还发挥着重要的作用，家庭养老始终是一种主要的养老方式。随着农民人口结构的变化，家庭规模由原来的“大家族”变成现在的“小家庭”，传统的家庭养老面临着诸多挑战。究其原因，一是农村经济还比较落后，经济水平不高，仍然存在着许多贫困人口和低收入人口，这些人自身的生计还无法解决，很难保证做到对年老的父母进行很好的赡养；二是随着人口老龄化的加剧，更多的农村老人需要赡养，家庭养老的物质需求增加与需要花更多的时间进行生活方面的照料，是一个悖论；三是伴随大量农村青壮年迁移到城市，导致农村有大量空巢老人和留守儿童，子女在时间和精力上都无法保证做到对老人很好的照顾；四是随着社会的发展，年轻人的“孝道”观念越来越淡薄，加上竞争激烈，这些都造成很多年轻人不愿意承担家庭养老的重担；五是农民的精神生活匮乏，需要来自子女更多的精神慰藉，这无疑更加重了子女家庭养老的负担。因此，家庭养老受到中国城乡二元结构、计划生育政策等诸多制度的约束，面临着困境，亟待变革。①

3.1.1.2 土地养老保障

土地养老保障是指一种自我保障，当农村没有积累足够的财富，没有足够的非农就业机会和非农收入，农村养老保险制度的不完善，社会养老没有很好地对农民生活起到保障作用时，农民必须依靠土地收益来获取维持生存所需和抵御社会风险的手段②。土地对于农民来说能够有效地提供就业、生活保证、养老保证和医疗保证，是农民最可靠的保障线，在农民生活中发挥着举足轻重的作用，在农民心目中占有重要地位。土地为农民养老提供资金的支持，农民作为生产者在自己的土地上进行农业生产，农业收入满足养老所需。如果老人丧失了劳动能力，老人可以把土地租借给别人，获得租金来实现养老。如果土地被征用，农民可以把土地征地款作为养老金或者直接用土地换保障。

农村土地养老保障和家庭养老之间有着密切的关系，很多学者认为土地养老保障可以被看作家庭养老的一种重要表现形式。土地养老保障和家庭养老都是传统的保障形式，都是与自然经济和半自然经济生产方

---

① 周莹，梁鸿．中国农村传统家庭养老保障模式不可持续性研究［J］．经济体制改革，2006（5）．

② 沈晓丰．农村土地的社会保障功能与产出效率分析［J］．重庆师院学报，2003（3）．

式相对应的，都是以实物作为保障形式的。在土地家庭承包责任制下，这两种养老保障方式紧密地结合在了一起，土地养老保障成为家庭养老的经济来源，满足了家庭养老的物质需求和经济需求；家庭养老为土地发挥应有的保障作用提供载体。

但土地养老保障和家庭养老之间也存在着根本的区别。土地养老保障为农民提供基本生存保障，主要体现在经济方面的保障作用。家庭养老实质上是一种家庭成员之间的互惠行为，是代际之间的互助关系，家庭养老不仅体现了成员间经济上的互助，更主要的是生活上的互助，家庭养老是具有社会性的。

3.1.1.3　农村社会养老保险

农村社会养老保险的提出，代表了中国社会的进步，体现了国家对弱势农民养老保障问题的关注，是解决农民养老的一项惠民政策，1992年出台的《农村社会养老保险基本方案》（以下简称《方案》）集中体现了这种精神，在《方案》中明确，“从我国农村的实际情况出发，保障农民老人基本的养老需求，资金的筹集坚持以个人保障为主，集体补助为辅，政府给予支持的原则”。截至1988年底，全国有2 123个县和65%的乡镇开始了农村社会养老保险工作，参保人员为8 025万人，基金总额为150多亿元。1994—1998年农村养老参保基金收入情况见表3-1。

表3-1　　**1994—1998年农村养老参保基金收入情况**

年份	年末累计参保人数（万人）	当年累积保险基金收入（亿元）	本年保险基金收入（亿元）
1994	3 461	16.7	0.48
1995	5 153	36.7	0.99
1996	6 594	40.8	1.82
1997	7 452	42.2	3.37
1998	8 025	31.4	5.35

资料来源：劳动和社会保障事业发展统计公报。

但自1998年开始，全国农村大部分地区出现了社会养老保险停滞不前甚至倒退的现象，“老农保”运行举步维艰，集中体现为参保率大幅度下降，养老金支出缺口逐年增大，农民参保的积极性受挫，基金维持举步维艰。2006 年 1 月，原劳动和社会保障部开始“新农保”的试点工作，选择了大兴、招远等八个地区。2009 年 9 月，国发 32 号文件[①]中明确指出：“按照保基本、广覆盖、有弹性、可持续的原则”。新农保的收入以财政补贴为主，个人缴费、集体补贴相结合。这与“老农保”在筹资机制方面有着显著不同，农民的参保积极性被大大调动。“新农保”试点期间，基金收入和支出都大幅度增加，基金累计结余增加较快，但各地区累计结余差异明显，见表 3-2。

表 3-2 **2010 年各省“新农保”基金累计结余** 单位：亿元

省份	累计结余	省份	累计结余	省份	累计结余
北京	57.22	重庆	9.91	江西	4.31
江苏	53.93	湖南	8.61	黑龙江	3.90
山东	52.66	山西	7.96	辽宁	3.14
天津	36.42	湖北	7.81	青海	1.40
上海	25.01	内蒙古	7.66	吉林	1.37
河南	23.18	云南	7.28	海南	0.98
四川	21.59	新疆	5.84	甘肃	0.82
河北	20.89	贵州	5.24	宁夏	0.68
浙江	16.75	广东	5.03	西藏	0.15
陕西	13.44	广西	4.65	合计	422.50
安徽	10.11	福建	4.59		

资料来源：《中国养老金发展报告：2011》。

“新农保”虽然在部分地区取得了显著的成绩，但仍然存在着缺陷：给付水平较低；财政投入不足，地区分布不平衡；统筹层次低；不能解决农村居民的短视行为等，社会养老保障无法起到社会“安全阀”的作用。

① 《国务院关于开展新型农村社会养老保险试点的指导意见》。

3.1.1.4　社会救助

社会救助的制度是我国依法建立的保护社会成员底线公平的制度安排。社会救助制度的实施不仅具有减贫的效应，同时还为老年家庭，特别是独生子女老年家庭提供最低的生存需求保障。随着家庭养老和土地养老保障功能的逐渐弱化，部分农民无法从子女或土地获得稳定的保障，特别是在城市化、水土流失、跨区域迁移等过程中，部分农民失去了承包的土地；独生子女家庭因子女长期在外地工作而产生了空巢老人，或独生子女意外伤害导致其失去劳动能力无力抚养老人等，这些在经济社会转型期所涌现出来的无土地或无子女现象加剧了农村老年人陷入贫困的风险。社会救助制度、农村最低生活保障制度、计生家庭奖励扶助金制度和五保户制度的实施为陷入困境的农村老人提供专门资金进行救助。在农村地区，真正发挥保障作用的社会救助制度主要是最低生活保障制度和计生家庭扶助金。

（1）最低生活保障制度

现代最低生活保障制度源于历史上的慈善事业，但已经不同于历史上带有悲悯色彩的救济活动，而是立足于体现社会公平的基础之上，以保障国民生活权益、促进社会和谐发展为宗旨的制度安排[①]。中国社会救助制度是伴随着经济发展，在制度变革和逐步试点的实践基础上发展起来的。1993 年 6 月 1 日，上海率先在全国建立了城市居民最低生活保障制度，设立最低生活线标准。1994 年，民政部在总结上海经验的基础上，决定在全国范围内开展城市居民最低生活保障制度试点。1997 年 9 月，国务院通过正式文件明确我国最低生活保障制度相关细则[②]，正式在全国城市地区推进最低生活保障制度。1999 年 9 月，国务院颁布《城市居民最低生活保障条例》，使这一制度上升到法律规范的层次[③]。在城市开展最低生活保障制度试点及推广阶段，农村地区的最低生活保障制度也开始进入了探索阶段。2002 年，中国共产党第十六次全国代表大会提出“在有条件的地区探索建立农村低保制度”，开始了农村最低生活保障试点工作。2007 年中共中央 1 号文件明确提出，要

① 郑功成. 社会保障学［M］. 北京：中国劳动社会保障出版社，2005：260.
② 国发〔1997〕29 号，《国务院关于在全国建立城市居民最低生活保障制度的通知》。
③ 郑功成. 中国社会保障 30 年［M］. 北京：人民出版社，2008：154.

在全国范围内建立农村最低生活保障制度。2007 年 11 月，国务院颁布有关农村开展实施最低生活保障制度的相关文件[①]，最低生活保障制度在农村全面推进实施。

（2）计生家庭扶助金

由于计划生育政策的实施，我国产生了大量的政策性独生子女，一旦独生子女家庭中子女发生伤亡，独生子女家庭就转化为“真空家庭”[②]，家庭中的老人将面临生活困难的境地。关于独生子女家庭面临的潜在生活风险，我国政府及有关部门在计生政策实施时已经开始关注。例如，《人口与计划生育法》明确规定，“独生子女发生意外伤残、死亡，其父母不再生育和收养子女的，地方人民政府应当给予必要的帮助”[③]。但由于种种原因，家庭补贴常常无法落实，针对这种情况，2004 年《国务院办公厅转发人口计生委财政部关于开展对农村部分计划生育家庭实行奖励扶助制度试点工作意见的通知》[④]，2006 年《国家人口计生委、财政部关于印发全国农村部分计划生育家庭奖励扶助制度管理规范的通知》，这些文件明确规定，对于农村独生子女家庭，财政建立专项资金予以补贴。文件规定按人年均不低于 600 元的标准进行奖励，直至亡故；对于已超过 60 周岁的，以奖励扶助制度执行时的实际年龄发放。2007 年 8 月，我国正式出台计划生育家庭特别扶助制度（或称作独生子女伤残死亡家庭扶助制度），规定“对独生子女伤、病残或死亡后未再生育或合法收养子女的夫妻，满 49 周岁后，给予每人每月不低于 80 或 100 元的扶助金”[⑤]。自此，计生家庭扶助金制度建立，为城市和农村独生子女老年家庭提供生活扶助。

3.1.1.5 商业养老保险

2006 年，国务院出台了有关推进保险业的发展相关文件[⑥]，提出大

---

① 国发〔2007〕19 号，《关于在全国建立农村最低生活保障制度的通知》。

② 周美林、张玉枝．计划生育家庭特别扶助制度若干问题研究［J］．人口研究，2011（3）：107.

③ 《关于在全国建立农村最低生活保障制度的通知》，2001 年 12 月 29 日第九届全国人民代表大会常务委员会第二十五次会议通过，自 2002 年 9 月 1 日施行。

④ 国办法〔2004〕21 号文件。

⑤ 计划生育家庭奖励扶助制度是指我国在各地现行计划生育奖励优惠政策的基础上，针对农村只有一个子女或两个女孩的计划生育家庭，夫妇年满 60 周岁以后，由中央或地方财政安排专项资金给予奖励扶助的一项基本的计划生育奖励制度。

⑥ 《关于保险业改革发展的若干意见》。

力发展农村商业养老保险，发挥商业保险的补充作用，为建立多渠道的养老保障铺平道路，这为农村商业养老保险的发展指明了方向。根据全国第六次人口普查的结果显示，农村人口数达到了6.5亿，其中60岁及以上老年人口为9 928万人，占农村人口的14.98%，比第五次全国人口普查上升3.34个百分点，农村老龄化明显加快。数据表明，农村存在巨大的养老需求，但由于农村家庭养老和土地养老保障功能的弱化，"新农保"的保障水平过低，随着农民收入水平及意识的提高，越来越多的农民意识到商业养老保险抵御养老风险的作用，因此农村也需要像城市那样的商业养老保险提供保障。但由于大多数农民对商业保险的购买力并不强，这增加了保险公司的运营成本，保险公司为了营利，必然会把这部分成本转嫁给农民。同时，农村的逆向选择和道德风险比城市要高。这些都势必造成农民支付的保费过多，对农民是不公平的，影响农村商业养老保险的推进。总之，农村商业养老需求受农村经济发展水平、文化与传统观念、投保费用等影响，发展受到很大的限制。

3.1.2 多支柱的农村养老保险体系

整合现有的养老模式，建立多层次、多支柱的农村养老保险体系是从根本上解决农民养老问题的必然。在继续发挥家庭养老的功能和提高土地养老保障的基础上，分阶段、分地区地逐步推进新型农村社会养老保险，整合和发挥多种养老方式的合力，是未来相当长时间内我国解决农民养老问题的最优选择。建立符合我国国情的农村养老保险体系的主要思路是：首先，发挥传统的土地养老保障基础作用，有土地的农民依靠土地获得保障，对于失去土地的农民依靠农村最低生活保障的政府救助制度来替代土地养老保障。其次，逐步推进和完善新型农村社会养老保险，发挥社会保险的支柱作用。再次，家庭养老作为农村养老保障的重要补充，发挥其无法替代的作用。对于多子女的家庭，充分发挥子女养老在农村养老保障中的作用，对于独生子女或无子女的家庭，政府用计生家庭奖励扶助金的救助制度来替代家庭养老发挥作用。最后，积极推动农村商业养老保险的发展，发挥其应有的作用。建立"土地养老保障是基础、社会保险为主要支柱、家庭养老和社会救助为辅助、商业养老保险为补充”的多支柱农村养老保险体系。

3.2 土地养老保障制度的变迁

在我国城乡二元模式下，农民的社会保障制度几乎一直处于空白，农村无法享受与城镇一样的社会保障。农民的养老主要依靠土地获取保障收入，家庭养老为载体，国家的救助为补充的养老形式。改革开放之前，我国农村经济发展水平低，生产力落后，土地作为农民最基本的生产要素，承担了农民生存和养老保障的生命线。改革开放后，农村经济发展，社会进步，农村人口老龄化严重，农民的养老保障的需求水平提高，这都造成了土地养老保障功能的弱化，建立全体农民参与的社会保障制度势在必行，这关乎社会主义新农村建设和经济持续、健康、稳定地发展。但我国人口众多、地区发展极不平衡，新型农村养老保险制度的建立和完善仍需要相当长的时间，土地作为农民养老保障的最后防线，仍然在农村养老中发挥着至关重要的作用。

农村土地养老保障的产生、发展和变化直接与我国现行的土地制度是分不开的，因此，本节通过对我国土地制度的演变进行梳理，试图明晰土地养老保障制度的变迁。

3.2.1 土地私有时期的农村土地养老保障制度（1949—1955 年）

从 1949 年开始，我国陆续通过了《共同纲领》[①]和《中华人民共和国土地改革法》[②]的相关规定，在全国范围内进行土地改革，对地主剥夺其土地、农具和多余的粮食，对富农征收其出租的土地。到 1952 年，除台湾、西藏和新疆正式在全国范围内废除了封建地主的土地所有制，实行了“耕者有其田”，使 3 亿多农民获得了 7 亿多亩的土地。实

---

① 1949 年 9 月 29 日，中国人民政治协商会议第一届全体会议通过《中国人民政治协商会议共同纲领》，其中规定：“必须有步骤地将半殖民地半封建的土地所有制改变为农民的土地所有制。”

② 1950 年 6 月 28 日，中央人民政府第八次会议通过《中华人民共和国土地改革法》，其中规定：“废除地主阶级封建剥削的土地所有制，实行农民的土地所有制，借以解放农村生产力，发展农业生产，为新中国工业化开辟道路。”

现了土地的农民个人所有，实现劳动与生产资料的结合。新中国成立后期的土地改革使农民拥有了自己的土地，调动了农民的生产积极性，恢复和发展了农业生产。1952年，粮食平均递增13.14%，棉花总产量年平均递增43.15%，农业总产值比1949年增加48.5%，年均增长14.1%[①]。农业生产力得到迅速提高，农民生活得到改善，农民养老成为可能。

土地私有化受到法律的保护，小农经济与当时低水平的农业生产力相适应，农村经济得到恢复，农民收入得到提高，这个时期主要是以土地生产为主要经济收入的家庭养老模式，同时由于新中国刚刚成立，没有足够的物质和资金来顾及贫困人口的养老问题，农村老年人完全依靠土地保障养老。

3.2.2 集体所有制时期的农村土地养老保障制度（1956—1978年）

这个阶段土地制度是集体所有制，即土地耕种权归集体所有，集体拥有土地的使用权。在完成实现土地农民个人所有的土地革命后，国家开始了社会化建设，开始了合作化运动。1953年2月25日，党中央下达了《关于农业生产互助合作的决议》[②]，实现土地统一耕种。到1956年，参加集体的农户占全国农户总数的80%，全国建立了75.6万个合作社，占农户总数的96.3%，农业合作化在基本实现全国范围的覆盖。农业合作化有利于农户更合理地配置土地资源，规避风险；同时降低了农户对土地的过度投入。在全国实现了农业合作化之后，中央提出合作社应该合并成人民公社以进一步促进农村经济的发展。1958年4月，中央发布了《关于小型农业社适当地合并为大社的意见》，各地根据中央的意见陆续办起了人民公社，到了1958年10月，全国农村将75.6万个合作社合并建立了2.65万多个人民公社，覆盖了99.1%以上的农户。之后的20多年时间里，人民公社制度成为农村的基本经济制度，

① 林善浪．中国农村土地制度与效率研究［M］．北京：经济科学出版社，1999．

② 《关于农业生产互助合作的决议》指出，党在目前对于发展互助合作运动的方针，是根据生产发展的需要可能，稳步前进。要在新区和互助运动薄弱的地区，应有领导地大量发展临时性的、季节性的互助组。要在有初步互助运动基础的地区，应逐步推广常年互助组。要在群众有比较丰富的互助经验，而又有比较坚强的领导骨干的地区，应有领导地、重点地发展土地入股的农业生产合作社。

即土地全部归集体所有。土地集体所有制造成了公社社员的劳动与收入脱离，极大地挫伤了农民劳动的积极性，劳动效率和经济效益严重下降。土地高度集中制虽然某种程度上缓解了小农经济与社会主义工业化之间的矛盾，但土地集体所有制激励机制的缺失和劳动效率低下严重阻碍了农业经济的健康发展。

虽然从新中国成立之初，党和国家领导人都非常重视农村的社会保障工作，但在当时的经济条件下，建立完善的农村社会保障体系确实难以做到。因此在这个阶段，农村社会保障还只能停留在社会救助方面，主要面向的对象是受灾农民、农村贫困人口和“五保户”。1958年后人民公社体制的建立，使得土地私有时期的自然经济被集体经济形态所代替，从纯粹的农村家庭保障过渡到社会化的、低水平的社会保障体系，我国农村的社会保障体系初步形成了，但保障水平低、覆盖面窄。我国是个农业大国，农民占我国人口的大多数，改革开放前一直从事农业生产，农产品收入为主要的收入来源，低水平、初级的社会保障体系对于整个农民群体来说是微不足道的，大部分农民的养老保障还是停留在以家庭养老和土地养老保障为主的自我保障。农民养老的经济来源是土地生产所获得的收入，家庭养老的代际互助是由土地来维持的。土地要素承担了农民的养老，是农村社会保障功能的实际承担者①。

土地养老保障成为这个时期农民主要的保障模式，是有历史原因的。首先，对于这个时期，满足生存需求才是农民最根本的需求，而对于农民来说最稳妥的获取生存所需是土地经营。农村经济以农业生产为主，农业生产以种植业为主，种植业以粮食生产为主②。农民对土地有高度的依赖性，这为土地养老保障提供了条件。对农民来说，通过土地生产获得收入来维持基本生存。土地成为农民所掌握的最重要的生产要素，是农民生存的命脉。其次，在城乡二元模式下，农民只能从事农业生产。而由于当时农业生产力的水平非常低，农业生产只能靠人力来完成，因此农业生产对劳动力依赖程度高，同时由于户

① 王国军．中国农村社会保障的制度变迁［J］．社会保障制度，2004（6）．
② 毕宝德．土地经济学［M］．北京：中国人民大学出版社，2004．

籍制度的限制，造成了农村劳动力向城市流动的频率很低[①]。另外，在城乡二元模式下，农村处于相对平稳的状态，农村实行传统的土地养老保障成为可能。农村家庭仍以家族的形式存在，养儿防老的观念仍然广泛存在，土地养老保障具有社会基础。小部分农民通过集体土地生产的分红来获得养老供给。而对于大多数农民来说，主要来自家庭内部的代际互助，子女耕种父母的土地，用所获得的收入来维持父母养老的经济需求。

3.2.3 家庭联产承包责任制的农村土地养老保障制度（1978 年至今）

土地集体所有制的 20 年，农业生产停滞不前，农民生活极其艰难，为了生存，农民自发地进行土地制度变革的摸索。许多地区进行了土地制度的尝试，并取得了显著的经济增长。1978 年 12 月，党中央在总结各地经验的基础上，在十一届三中全会通过了《农村人民公社工作条例》，明确提出了农业生产责任制。1979 年 9 月，《中共中央关于加快农业发展若干问题的决定》，恢复了农民的自留地，允许包产到户。1980 年 9 月，国务院对农业生产责任制的具体实施进行了详细的规定[②]，这是对农村体制改革的最大突破，确定了未来农村经济发展的方向。到 1980 年，全国实行包产到户的生产队占总数的 25%，约有 2 亿农民进行了家庭联产承包责任制，一半以上的生产队包产到组。从包干到户到如今，我国的土地政策经历了三个阶段。

3.2.3.1 1980—1984 年的家庭联产承包责任制的全面确立

1982 年，中央发布了《全国农村工作会议纪要》，指明家庭联产承包责任制成为农村中的主体。中央在 1982 后三年中连续发出了三个 1 号文件，对家庭联产承包责任制和土地使用权的年限做出了明确的指示。在这三个文件的推动下，家庭联产承包责任制在全国范围完全实施，土地的使用权和所有权分离，农民家庭再次成为土地耕种的基本单位。这一时期，农业生产总值年平均增长 7.8%，粮食产量年平均增长

① 李仲生. 中国的人口与经济发展［M］. 北京：北京大学出版社，2004.
② 《关于进一步加强和完善农业生产责任制的几个问题》。

6.2%，其他农产品产量的增长速度也很快，见表3-3。

表3-3 1980—1984年农村经济状况表

项目	1980年	1981年	1982年	1983年	1984年
农业GDP（亿元）	2 223	2 369	2 632	2 884	3 337
粮食总产量（万吨）	32 056	32 502	35 450	38 728	40 731
农村人均粮食产量（斤）	653	654	703	759	791
农民人均收入（元）	191.33	223.44	270.11	309.77	355.33

资料来源：根据1980—1984年统计年鉴总结而得。

3.2.3.2 1984—1983年家庭联产承包责任制的巩固阶段

土地家庭联产承包责任制的确立，稳定了土地承包年限，巩固了制度创新的成果。坚持在土地集体所有和家庭承包的框架下，大力发展农业，努力提高土地生产率，实现土地资源有效率地配置，这几年取得了巨大的效益，直接推动我国农业摆脱停滞不前的局面，农业建设取得了巨大的成就。

3.2.3.3 现阶段“社会保障型”的土地制度

这个阶段对土地承包耕种年限做出延长的决定。在1993通过的《关于当前农业和农村经济发展的若干政策措施》中将耕地承包期延长到30年，并允许土地使用权的合理流转。在2003年3月开始实施的《中华人民共和国农村土地承包法》明确规定“耕地的承包期为三十年，草地的承包期为三十年至五十年，林地的承包期为三十年至七十年”。

进入21世纪以来，“三农问题”逐渐引起了广大人民和党中央的重视，面对严峻的形势，党出台了一系列保护农村土地、鼓励土地合理流转及妥善解决失地农民保障问题的文件，取消了农业税，对农户进行补贴等。2006年10月十六届六中全会上通过了《关于构建和谐社会若干重大问题的决定》，对保护耕地，土地流转等方面进行了明确规定，指出构建和谐农村的重要任务是重视和解决农村土地问题。

家庭联产承包责任制的实行，使得在土地集体所有制时期间接、低效率的土地养老保障得以在农民养老中重新发挥重要的作用。土地养老保障的回归是农民满足生存需要的自然反应。由于我国农村人口众多，而土地相对于人口是稀缺的，同时社会发展水平使得大部分农民还只能维持温饱，甚至有些连维持温饱都面临很大压力，土地承包成为农民克服生存压力的自然行为。土地养老保障是自然经济的产物，只有在农业生产力水平低下、农业生产单一的生产模式下才会发挥重要的作用。集体保障时期的土地养老保障，没有提高农民的保障水平，甚至造成了下降，因此对小农经济下的土地养老保障回归的诉求变得越来越高涨。因此，家庭联产承包模式下的土地分配无疑是对农民诉求的响应，均分土地自然成为提升保障水平的现实选择。农民拥有土地的耕种权，不仅是一种生产方式、生活方式，更是成为积累和转移财富的重要途径。农户利益与所拥有的土地直接挂钩，土地养老保障得到了前所未有的强化。

家庭联产承包责任制的实行体现了农民对社会保障公平的诉求。土地养老保障透出的是农民对平均主义的向往，历朝历代无不如此。按人口或劳动力来分配土地的家庭联产承包责任制更是秉承了平均主义。我国农民比哪个国家的农民都依赖土地，这是中国农民几千年的历史积累，也是农民对现实生产力的反应。土地养老保障因家庭承包责任制的实施而恢复，避免了因土地集体所有制而带来的不公平的弊端，按人平均分配土地的家庭承包责任制，实现了起点公平。土地养老保障因土地的家庭承包而得到进一步强化。

第4章　农村养老保险体系中土地养老保障水平分析

农村土地养老保障水平分析的关键在于确定土地收益，这直接决定了农民从土地获取养老金的多少。土地收益包括通过农业生产获得养老所需的收入和把土地转让给自己的子女或他人所获得的租金收入，因此本章所测算的土地养老保障水平包含直接或间接从事农业生产所获得的耕种土地养老保障水平和出租土地养老保障水平两个序列。本章分为三个部分：第一部分确定农村人均土地养老保障水平的数理模型；第二部分确定人均土地养老保障水平模型的相关参数，即耕种土地收益分配系数 T、出租土地收益分配系数 R 和土地养老保障系数 θ；第三部分是根据农村土地养老保障水平模型，测算我国人均土地养老保障总体水平、地区间水平和行业间水平。

4.1　农村人均土地养老保障水平的数理模型

土地是经济活动不可缺少的生产要素和重要的载体，土地资源的稀缺性和不可增加性，必然决定了土地在生产活动和农村经济发展中占有重要的地位。土地作为一种生产要素，其本身的肥力和种类千差万别，各地区、各行业的土地收益有着巨大的差异，土地养老保障水平也必然存在着地区和行业差异，因此构建统一的农村土地养老保障水平模型，是研究农村土地养老保障水平的关键。

在我国农村，土地的收入是农民养老保障资金的主要来源。对于大多数农民的养老，如果有劳动能力，可以通过农业生产来获得养老所需的收入；如果丧失了劳动能力，可以把自己的土地交由自己的儿女，由子女利用父母的土地进行生产，同时承担老人的养老义务，这是一种直接或间接从事土地生产获得养老保障的行为。但对于丧失劳动能力的农民、无子女或进城务工的农民工，可以选择把土地转租给其他人，土地的租金作为自己的养老资金。因此，中国农村土地养老保障存在耕种土地养老保障和出租土地养老保障两个序列的土地养老方式，而两者的土地养老保障水平差别很大。因此在设定农村土地养老保障水平数理模型时，应构建出耕种土地养老保障水平数理模型和出租土地养老保障水平数理模型。

4.1.1 农村人均耕种土地养老保障水平模型

农民把土地作为一种生产要素投入直接的农业生产，并获得土地收益，在其获得的土地收益中，依据自身的养老需求拿出用于养老的部分，这部分才是耕种土地的保障水平。根据这种逻辑关系，我们构建出人均耕种土地养老保障水平的数理模型。

人均耕种土地养老保障水平是由现实人均农业收入、耕种土地收益分配系数和土地养老保障系数三个指标构成的，见公式（4.1）。

$$DW = AW \times T \times \theta \tag{4.1}$$

式中：DW 表示现实状态下的人均耕种土地养老保障水平；AW 表示现实人均农业收入；T 表示耕种土地的收益分配系数，即农业收入中有多少是来源于土地要素的投入；θ 表示土地养老保障系数，即土地收益中多大比重用于农民的养老保障。

4.1.2 农村人均出租土地养老保障水平模型

出租土地养老保障是指农民暂时性地将土地耕种权利让渡给他人，获取土地的租金，从土地租金中依据自身的养老需求用于养老的部分。依据逻辑关系，我们构建出人均出租土地养老保障水平的数理模型。

人均出租土地养老保障模型是由现实人均农业收入、土地出租收益分配系数和土地养老保障系数三个指标构成的，见公式（4.2）。

$$DR = AW \times R \times \theta \tag{4.2}$$

式中：DR 表示现实状态下的人均出租土地的养老保障水平；R 表示出租土地收益分配系数，即出租土地所得的收益占农业收入的比例；AW 和 θ 表示意义同公式（4.1）。

4.2 农村人均土地养老保障水平数理模型的参数确定

人均土地养老保障水平数理模型的参数主要包括：现实人均农业收入、耕种土地收益分配系数、出租土地收益分配系数和土地养老保障系数。本节的重点就是如何确定这几个参数。

4.2.1 现实人均农业收入

农业收入是农民以土地为依托进行农业、林业、牧业和渔业生产所获得的收入。但由于统计原因，部分省份、部分行业的人均收入数据缺失，为保证数据统一性和可比性，本书采用《中国统计年鉴》中“人均家庭经营纯收入”代替人均农业收入，根据“家庭经营人均纯收入”统计口径可知，家庭经营人均收入是由人均农业收入和工业、建筑业等非农人均收入构成的，通过对各年份、各地区数据进行测算，农业人均收入大约占“人均家庭经营纯收入”的 90%，所以采用：人均农业收入=人均家庭经营纯收入×90%，来测算出现实人均农业收入。

4.2.2 耕种土地收益分配系数

4.2.2.1 耕种土地收益分配系数的理论推导

根据我国农村土地承包责任制的相关规定，农民在达到国家规定的退休年龄后，仍然可以依靠土地进行农业耕种来获得养老收入，充分发挥土地养老的保障作用。根据《中华人民共和国土地管理法实施条例》[①]的规定，“农民集体所有的土地，所有权归农民集体所有。农村居民在达到退休年龄之后土地使用权仍归其所有，可以继续从事土地耕种并获取合理的土地收益”。农民进行土地生产所获得的收入一般是资本、劳动和土地三要素共同投入的总收益，但只有土地要素贡献的那部分收益才能被看作土地养老保障的收入来源。因此要确定土地养老保障水平，必须从农业收入中把土地收益的那部分剥离出来，将土地的要素分配收入支付给拥有土地使用权的农民，作为其养老的费用，这是土地养老保障的基础。

根据穆怀中（2007）的研究，他认为农业收入中的30%应分配给资本要素投入，农业收入中的70%划分为劳动贡献（穆怀中教授的研究中没有把土地看成是一种单独生产要素，认为农业生产中劳动要素投入包含了劳动要素和土地要素）[②]。根据以上论述，我们可以得到人均劳动收入的计算公式，见公式（4.3）。

$$ALR = 70\% \times AW \tag{4.3}$$

式中：ALR 表示人均劳动收入，AW 表示人均农业收入。

D.Gale Johnso（1999）对中国农村农用土地的平均价格测算中，认为将种植业收入的一定比例归结到土地这一生产要素上。他认为土地收益占农民劳动收入中的30%～40%较为合理[③]。因此，我们可以推导出人均耕种土地收益公式：

$$ADR = 35\% \times ALR \tag{4.4}$$

---

① 《中华人民共和国土地管理法实施条例》，1998年12月24日国务院第12次常务会议通过，自1999年1月1日起施行。

② 关于劳动要素分配系数的合意值问题，柯布、道格拉斯以及萨缪尔森做了有意义的工作，他们的研究表明75%是劳动要素分配系数的合意的分配标准。但考虑到工农业的要素投入差异，我们认为农业生产劳动要素分配系数的合意目标要略低于工业生产劳动要素分配系数的合意目标，将农业生产劳动报酬分配系数合意值设定为70%较合适。

③ 约翰逊. 中国农村老年人的社会保障［J］. 中国人口科学，1999（5）.

式中：ADR 表示人均耕种土地收益，这里我们假定土地收益占农民劳动收入的 35%。

那么综合公式（4.3）和（4.4）可得：

$$ADR = 35\% \times ALR = 35\% \times 70\% \times AW = 24.5\% \times AW \tag{4.5}$$

综合国内外学者的相关研究，推导出人均农业收入中的 24.5% 确定为人均土地生产收益，即耕种土地收益分配系数 T 的理论值为 24.5%。

4.2.2.2 耕种土地收益分配系数的实证分析

（1）技术进步和要素投入对农业经济增长贡献的理论评述

改革开放以来，我国农业生产总值呈逐年上升的趋势。现代经济增长理论认为：经济增长取决于要素投入和技术进步，而农业技术的进步是农业经济增长的源泉。自 20 世纪 80 年代，国内外许多学者对农业增长因素分析进行了深刻而广泛的研究。林毅夫（1999）利用 C-D 函数，对我国农业和农民的投入-产出模型进行计量分析，它对中国 28 个省，1970—1987 年农业生产投入和产出的混合数据进行实证分析，得出农业产出中投入所占的比例为 45.79%，其中化肥投入对农业增长的贡献率为 32.2%[①]。张元红（1996）对 1989—1992 年期间中国农业产出弹性进行回归检验，得出劳动、化肥和农机设备等中间投入、固定资产、播种面积要素投入的分配份额为 9.9%、68.32%、16.83%和 4.95%，资本投入对农业产出的增长较大[②]。朱希刚等（2002）利用索洛残值法推导得出我国农业技术进步贡献率，测算了我国“九五”期间的技术进步贡献率年平均为 45%，种植业技术贡献率为 42%[③]。这种方法在我国技术进步贡献率的测定中占据着主流地位。朱晶（2003）认为，由于目前我国土地制度的约束，土地资源的稀缺造成土地投入的刚性约束，同时目前我国又缺乏科学的土地流转机制，因此土地投入对我国农业经济增长的贡献有限[④]。吴卫方（1996，2000）利用C-D 农业生产函数，对

① 林毅夫. 制度、技术与中国农业发展 [M]. 上海：上海三联出版社，1992.
② 张元红. 改革以来中国农业的增长与要素贡献 [J]. 中国农村经济，1996（5）.
③ 朱希刚. 我国“九五”时期农业科技进步贡献率的测算 [J]. 农业经济经济问题，2002（5）.
④ 朱晶. 农业公共投资、竞争力与粮食安全 [J]. 经济研究，2003（1）.

1949—1997年劳动力、资本和土地对农业增长的贡献影响，得出改革开放以来，技术进步和资本投入是农业增长的主要因素，而土地和劳动对农业产出贡献不明显[①][②]。乔榛等（2006）对1978—2004年期间进行分阶段测算劳动力、资本、土地等要素投入对农业增长的贡献，得出1978—1984年期间，化肥投入对农业经济增长的贡献较大，而其他要素对农业经济增长的贡献率较小；化肥和农机设备在各个阶段对农业经济增长的贡献都很显著[③]。白重恩、钱震杰（2010）采用1985—2003年的我国省际面板数据，对劳动收入份额进行回归分析，得出产业结构、税负和国企比例显著影响劳动收入份额，但金融发达水平和开放程度在近阶段对劳动收入份额有显著影响[④]。乐君杰（2006）利用C-D生产函数估计我国农业生产函数时，在劳动、资本、土地要素之外还加入了经常投入物，采用化肥使用量作为其代理变量，得出土地对农业增长有显著影响，而劳动力对农业增长贡献微乎其微[⑤]。徐会奇、王克稳、李辉（2011）基于扩展的C-D函数，采用全国省级面板数据，除了资本、劳动和土地之外，加入了资本积累、农业结构效应和农业总投资外部性因素，对1995—2008年的农业生产函数进行检验，结果显示农业总投资的外部性对农业增长贡献明显，但农业技术进步贡献率呈阶段变动特征，甚至最近几年出现负贡献[⑥]。因此，通过对相关文献的梳理，本书采用全国省级面板数据，构建一个包含资本、劳动和土地生产要素的基于C-D函数的农业生产函数。

（2）构建计量模型

首先构建一个包含资本、劳动力和土地投入的科布—道格拉斯农业生产函数，并且假定技术进步是希克斯（Hicks）中性的，其基本形式为：

---

① 吴方卫．我国农业资本存量的估计［J］．农业技术经济，1999（6）．

② 吴方卫．中国农业的增长源泉分析［J］．中国软科学，2000（1）．

③ 乔榛，焦方义，李楠．中国农村经济制度变迁与农业增长［J］．经济研究，2006（7）．

④ 白重恩，钱震杰．劳动收入份额决定因素——来自中国省际面板数据的证据［J］．世界经济，2010（12）．

⑤ 乐君杰．中国农村劳动市场的经济学分析［M］．杭州：浙江大学出版社，2006．

⑥ 徐会奇，王克稳，李辉．基于省际面板数据的中国农业技术进步贡献率的测算分解［J］．经济科学，2011（1）．

$$Y = AK^{\alpha}L^{\beta}M^{\gamma} \tag{4.6}$$

式中：Y 表示农业总产出；K 表示资本要素的投入量；L 表示劳动力要素的投入量；M 表示土地要素的投入量；A 表示生产力水平，一般认为随着时间的变化，生产力水平提高会影响各要素的产出水平；α 表示资本的产出弹性或资本的贡献率；β 表示劳动力的产出弹性或劳动力的贡献率；γ 表示土地的产出弹性或土地的贡献率。

本研究根据公式（4.6），建立对省级面板数据进行的计量分析，计量模型为：

$$\ln Y_{it} = \ln A_t + \alpha \ln K_{it} + \beta \ln L_{it} + \gamma \ln M_{it} \tag{4.7}$$

式中：$\ln Y_{it}$、$\ln K_{it}$、$\ln L_{it}$ 和 $\ln M_{it}$ 分别表示 i 地区第 t 年的农业总产出、资本要素投入、劳动要素投入和土地要素投入值，α、β、γ 的含义与公式（4.6）相同。

（3）指标选取

①产出。在统计指标中，代表产出的指标有很多，大多采用农业GDP、农业总产值、农业增加值或粮食产量等。国内外有许多学者都用农业总产值来研究农业问题，但依据我国统计部门的统计口径，农业总产值是把所有产品的生产值相加得出的，而产值由价格与产量的乘积得出，一般以当前价格和不变价格计算。樊胜根（1998）认为，以当前价格计算出来的农业总产值不能反映农业的实际增长情况，采用当前价格计算的农业总产值为产出指标计量出来的结果偏差较大[①]。而采用农林牧渔业增加值可以避免农林牧渔业总产值指标中重复计算中间商品的问题，但由于增加值指标有些统计资料中无法获得，因此本书选用《中国统计年鉴》中以农林牧渔业总产值表示农业产出，并使用可比价格指数对产值进行数据调整。

②资本。在数据选取中，农业资本投入包括固定资产存量和中间物质消耗两大部分。农业固定资产是指不随着产量增加而增加的沉没成本，包括厂房、机器设备等；中间物质消耗是指随着产量增加而增加的变动成本，包括化肥、劳务和生产服务支出等[②]。朱希刚等（1994）认

① 樊胜根. 中国农业生产与生产率的增长：新的测算方法及结论 [J]. 农业技术经济，1998（4）.

② 取自中国农村统计年鉴中分项农林牧渔中间消耗。

为，在实际的农业生产中，农业中间物质消耗的生产服务支出中已经包含了农业固定资产，简单将两者加总并没有实际意义，造成重复加总的问题[①]。因此，本书选用《中国农业统计年鉴》中农业中间物质消耗指标来表示资本投入。

③劳动。劳动投入指标，理论应该是实际的劳动工作量，但这需要非常复杂的计算，同时由于统计资料的局限性，无法真正获得各地区的劳动小时数，因此在实证中一般都采用从业人员数、工时数或工资总额来替代。各省之间缺少详细的资料，无法对劳动投入的时间和质量进行计算，因此只能用从业人数来衡量。由于农、林、牧、渔各行业本身分工比较难，我国农业生产还无法达到专业化程度，农民往往在从事农业生产的同时，还从事其他牧业、林业和渔业的生产。因而本书劳动投入指标选用农林牧渔年末从业人数。根据统计年鉴统计口径，第一产业从业人员为16岁以上，实际工作并获得收入的从事农林牧渔的从业人员，包括劳动年龄内也包括超过劳动年龄但经常劳动的人员。因此，本书劳动投入用《中国统计年鉴》中第一产业从业人员这个指标来替代。

④土地。一些学者在检验时用耕地面积作为土地的代理变量，但在我国耕地面积统计中包括“湖田”等无法真正实现产出的量，而忽略了专业性的茶园等。而农作物播种面积则包括了实际所有进行农业生产的土地，不论是在耕地上还是非耕地上的生产，均包括在农作物播种面积统计中，同时还包括了由于受灾所进行的补种和改种的面积。它是反映我国实际农业生产土地利用情况的一个重要指标，真实体现土地投入与农业产出之间的变量关系。因此，本书采用《中国统计年鉴》中主要农作物播种面积这个指标作为土地投入的代理变量。

2000—2010年我国农业产出的省际面板数据汇总见表4-1。2000—2010年我国资本要素投入、劳动力要素投入和土地要素投入的省际面板数据汇总分别见表4-2、表4-3和表4-4。

---

① 朱希刚，史照林．我国七五期间农业技术进步贡献测算分析［M］．北京：中国农业科技出版社，1994．

表 4-1 **2000—2010 年我国农业产出的省际面板数据汇总** 单位：亿元

地区	2000年	2001年	2002年	2003年	2004年	2005年	2006年	2007年	2008年	2009年	2010年
北京	172.6	199.2	230.4	237.1	260.9	268.1	266.7	270.0	301.5	298.6	333.8
天津	150.0	157.0	181.1	200.1	231.1	247.3	261.9	237.2	259.6	271.5	306.6
河北	1 461.8	1 595.7	1 729.2	1 840.3	2 224.2	2 441.2	2 627.4	2 961.3	3 334.2	3 528.1	4 165.6
山西	294.8	324.2	351.6	385.6	451.2	497.9	484.7	497.9	543.5	870.4	986.9
内蒙古	530.1	544.8	587	627.2	740.5	881.7	1 016.9	1 227.4	1 418.6	1 534.4	1 736.3
辽宁	975.3	980.6	1 132.5	1 134.7	1 399.9	1 554.6	1 721.3	2 044.3	2 325.4	2 617.1	2 935.2
江苏	1 780.4	1 871.0	2 011.5	1 932.0	2 219.7	2 485.0	2 580.1	2 973.8	3 435.7	3 649.9	4 116.7
浙江	1 016.1	1 073.6	1 136.3	1 136.7	1 276.3	1 394.4	1 462.7	1 561.6	1 701.6	1 829.7	2 111.2
安徽	1 200.0	1 223.9	1 305.6	1 388.7	1 509.7	1 643.0	1 671.6	1 994.5	2 301.6	2 434.6	2 829.1
福建	1 005.7	1 021.3	1 088.7	1 109.8	1 254.3	1 365.8	1 453.3	1 623.6	1 867.0	1 906.7	2 229.0
江西	739.4	767.2	824.5	819.2	976.4	1 070.0	1 157.9	1 368.9	1 603.1	1 658.2	1 826.6
山东	2 208.8	2 360.1	2 526	2 750.2	3 259.2	3 556.0	3 856.1	4 616.0	5 342.0	5 753.5	6 421.6
河南	1 879.6	1 992.1	2 194.8	2 238.9	2 626.0	3 077.8	3 341.5	3 735.1	4 412.5	4 663.5	5 482.6
湖北	1 095.3	1 138.5	1 203.3	1 275.1	1 607.5	1 704.7	1 783.7	2 210.0	2 768.8	2 831.9	3 351.5
湖南	1 172.9	1 233.7	1 319.9	1 400.6	1 779.1	1 943.0	2 032.7	2 509.2	3 156.9	3 050.6	3 631.2
广东	1 577.6	1 618.9	1 764.8	1 837.9	2 061.9	2 335.4	2 575.2	2 731.6	3 172.6	3 178.7	3 601.3
广西	827.4	831.9	916.5	988.1	1 219.1	1 348.2	1 536.2	1 914.5	2 268.0	2 256.4	2 599.4
海南	279.9	288.8	360.2	348.7	401.8	445.8	497.0	506.4	616.8	658.0	774.4
重庆	408.9	422.5	461	457.8	582.3	629.7	663.4	658.4	813.6	858.4	964.4
四川	1 347.2	1 429.2	1 600.6	1 680.1	2 103.2	2 307.2	2 509.1	3 262.8	3 785.3	3 539.9	3 906.0
贵州	397.9	413.8	431.4	443.0	511.1	539.8	582.4	674.2	789.9	836.7	948.9
云南	639.3	679.1	737.5	749.5	904.0	999.6	1 115.6	1 261.5	1 477.8	1 612.3	1 729.8
西藏	50.3	50.1	55.9	55.8	58.6	66.5	69.5	76.2	83.0	90.1	97.4
陕西	444.5	467.3	509.1	502.9	596.7	676.0	762.7	943.7	1 183.8	1 273.0	1 574.7
甘肃	307.9	319.7	359.4	378.6	446.1	489.4	536.6	657.7	752.8	828.3	1 000.1
青海	58.5	60.1	65.5	74.7	82.4	89.3	97.0	112.1	146.8	148.7	188.8
宁夏	74.9	79.0	92.5	97.6	115.9	129.9	142.5	170.9	208.9	225.1	283.7
新疆	462.9	475.3	525	647.6	705.6	773.8	821.9	1 010.0	1 102.5	1 234.7	1 759.8

注：农业产出数据主要来源于 2000—2010 年《中国统计年鉴》，各省份农业产出采用分地区农林牧渔总产值，同时为剔除价格影响，将使用可比价格指数对其进行调整。以 1990 年为基准年，折算后的当年农业总产值=上年农业总产值/可比价格指数（以上年为 100）。

表 4-2　**2000—2010 年我国资本要素投入的省际面板数据汇总**　单位：亿元

地　区	2000年	2001年	2002年	2003年	2004年	2005年	2006年	2007年	2008年	2009年	2010年
北　京	105.2	121.0	132.3	148.5	156.1	160.2	171.9	171.0	191.0	196.7	203.5
天　津	82.8	91.0	97.1	121.3	136.1	146.0	152.3	131.0	146.0	152.8	171.7
河　北	720.1	766.6	772.2	860.3	1 005.5	1 097.8	1 165.3	1 271.0	1 471.0	1 433.6	1 746.6
山　西	142.5	130.4	153.8	179.0	204.5	221.4	235.6	229.0	282.0	431.2	493.3
内蒙古	196.9	200.6	221.2	255.7	330.1	387.2	436.2	479.0	618.0	641.0	748.3
辽　宁	463.9	501.3	542.3	579.1	715.0	792.3	864.9	995.0	1 175.0	1 289.7	1 475.4
吉　林	230.6	260.3	269.5	310.0	374.5	424.9	482.7	576.0	698.0	753.7	800.1
黑龙江	271.5	301.8	330.1	390.5	536.4	609.8	650.0	785.0	1 034.0	1 096.8	1 233.4
上　海	134.8	142.1	145.3	154.3	152.2	141.0	143.2	154.0	169.0	169.3	172.4
江　苏	937.8	973.7	996.9	866.9	1 035.4	1 115.5	1 162.1	1 248.0	1 491.0	1 554.2	1 757.0
浙　江	398.7	412.8	408.1	447.3	498.9	535.5	589.5	611.0	684.0	710.3	812.3
安　徽	487.9	508.0	533	556.0	694.4	699.7	751.3	870.0	1 028.0	1 074.0	1 226.4
福　建	396.7	410.5	423	448.6	520.6	554.9	600.2	690.0	807.0	818.5	943.4
江　西	275.1	284.3	288.6	303.2	382.3	415.6	442.2	521.0	620.0	635.4	693.6
山　东	1 025.8	1 094.5	1 136	1 393.4	1 642.7	1 778.3	1 917.7	2 231.0	2 610.0	2 776.4	3 062.7
河　南	82.3	868.5	906.5	953.4	1 271.1	1 417.7	1 539.8	1 662.0	2 011.0	2 102.5	2 476.1
湖　北	441.5	461.6	469	533.5	664.4	694.4	730.6	919.0	1 160.0	1 189.3	1 355.0
湖　南	451.8	457.6	472.7	551.4	738.4	782.1	799.7	1 006.0	1 317.0	1 238.2	1 462.0
广　东	701.1	688.1	748.3	794.2	893.4	1 004.8	1 101.1	1 126.0	1 325.0	1 327.3	1 467.9
广　西	292.3	312.4	326.8	372.8	477.7	535.8	615.6	785.0	936.0	922.0	1 045.9
海　南	113.9	121.6	131.3	140.5	162.3	177.7	199.4	187.0	229.0	242.9	281.5
重　庆	140.8	147.4	145.2	146.7	181.4	198.8	211.4	238.0	296.0	306.3	335.7
四　川	480.9	503.8	558.1	666.1	850.4	941.2	1 006.8	1 338.0	1 537.0	1 449.2	1 598.9
贵　州	142.0	144.4	150.6	162.8	183.7	202.9	217.4	251.0	305.0	324.9	372.8
云　南	246.4	253.0	267	302.5	356.2	398.8	459.9	494.0	621.0	638.7	702.2
西　藏	13.0	13.7	14.5	16.4	18.5	19.8	22.3	25.0	28.0	29.5	32.1
陕　西	190.2	194.4	207.6	218.0	263.8	294.9	330.3	410.0	524.0	547.6	677.6
甘　肃	129.7	137.6	145	160.8	192.3	213.5	228.0	299.0	346.0	379.2	457.7
青　海	18.5	20.5	20.6	23.3	26.2	28.7	31.0	38.0	48.0	49.9	66.4
宁　夏	31.8	35.7	39.7	45.9	58.3	65.9	72.6	85.0	108.0	116.2	146.6
新　疆	199.0	208.7	220	262.1	291.6	323.5	355.8	435.0	486.0	537.9	767.6

注：农业资本要素投入数据主要来源于 2000—2010 年《中国农村统计年鉴》中按当年价格计算的农林牧渔业中间消耗这项，同时为剔除价格影响，将使用 GDP 指数对其进行平减。

表 4-3 **2000—2010 年我国劳动力要素投入的省际面板数据汇总** 单位：万人

地 区	2000年	2001年	2002年	2003年	2004年	2005年	2006年	2007年	2008年	2009年	2010年
北 京	72.7	70.6	67.8	66.9	61.6	62.2	63.8	65.3	66.0	65.7	65.1
天 津	80.9	82.2	81.5	82.3	81.6	80.5	79.2	77.9	78.1	77.7	75.9
河 北	1 678.2	1 675.4	1 662.6	1 670.1	1 609.9	1 562.3	1 525.5	1 488.7	1 488.4	1 483.6	1 469.6
山 西	662.7	662.4	662.9	650.6	645.1	641.8	640.4	638.9	642.8	635.8	638.2
内蒙古	553.7	546.4	563.3	548.7	555.5	560.5	564.9	569.3	556.7	558.0	571.0
辽 宁	683.3	681.7	692.9	696.7	718.0	718.9	711.1	703.3	698.2	694.4	700.2
吉 林	541.6	535.9	524.2	523.8	518.9	523.9	518.6	513.4	511.0	516.6	524.9
黑龙江	808.5	808.3	811	827.7	797.3	787.7	780.5	773.4	775.6	781.0	774.8
上 海	88.0	86.6	84.2	73.7	67.3	61.1	57.4	53.8	49.4	47.6	36.3
江 苏	1 502.7	1 474.6	1 373.3	1 250.0	1 153.2	1 076.7	1 013.5	950.3	917.1	896.9	883.3
浙 江	1 021.0	990.8	934.6	877.6	831.5	791.1	742.2	693.3	671.6	659.3	633.9
安 徽	2 017.9	1 991.1	1 945.8	1 875.2	1 806.7	1 778.2	1 714.8	1 651.4	1 605.3	1 579.6	1 538.5
福 建	778.2	768.8	765.1	745.8	732.4	702.5	675.4	648.3	647.8	638.6	636.5
江 西	1 004.4	997.9	1 001.9	988.8	978.3	967.4	940.8	914.3	903.9	882.3	867.2
山 东	2 473.7	2 444.2	2 381.4	2 276.9	2 192.5	2 056.5	2 008.3	1 960.1	2 001.2	1 994.4	2 004.4
河 南	3 569.0	3 482.5	3 403.6	3 331.9	3 245.7	3 138.8	3 029.6	2 920.3	2 847.3	2 764.9	2 711.7
湖 北	1 204.8	1 186.4	1 168.1	1 144.1	1 139.5	1 133.9	1 102.4	1 071.0	1 016.7	990.1	920.6
湖 南	2 104.4	2 079.6	2 039.1	2 017.1	1 988.0	1 962.0	1 931.3	1 900.5	1 889.9	1 876.4	1 871.9
广 东	1 588.5	1 584.2	1 571.7	1 559.6	1 541.2	1 548.7	1 547.7	1 546.7	1 552.6	1 536.7	1 483.3
广 西	1 574.5	1 572.9	1 573.4	1 556.6	1 531.8	1 518.7	1 519.9	1 521.1	1 549.4	1 561.2	1 571.2
海 南	204.4	204.9	205.4	210.6	212.4	215.1	218.5	221.8	221.5	226.1	222.1
重 庆	925.2	887.9	856.1	816.3	804.2	779.5	741.7	703.8	681.2	655.7	632.7
四 川	2 643.4	2 595.8	2 516	2 426.6	2 379.3	2 329.9	2 271.1	2 212.3	2 192.7	2 158.3	2 142.1
贵 州	1 377.9	1 373.8	1 359.2	1 327.1	1 293.6	1 272.0	1 239.7	1 207.5	1 206.0	1 210.5	1 192.1
云 南	1 695.9	1 710.5	1 715.6	1 709.3	1 711.9	1 709.2	1 697.0	1 684.7	1 678.6	1 672.7	1 671.5
西 藏	91.0	89.5	89.6	85.0	85.9	86.3	87.4	88.5	89.3	92.2	93.0
陕 西	1 010.2	994.0	1 002.7	996.7	964.3	956.4	944.5	932.7	910.4	877.6	856.0
甘 肃	706.1	705.3	747.2	769.9	772.7	770.5	759.3	748.2	734.4	739.3	731.5
青 海	145.3	144.3	139.4	137.6	134.7	131.6	127.1	122.6	123.3	122.6	123.4
宁 夏	158.6	157.1	155.8	150.6	148.7	145.1	143.3	141.5	136.4	130.8	128.3
新 疆	387.9	388.2	391.8	397.2	403.3	407.1	411.7	416.3	419.9	425.8	436.1

注：农业劳动力要素投入数据主要来源于 2000—2010 年《中国统计年鉴》中各地区第一产业就业人数（期末）。由于 2007 年的统计年鉴中缺少 2006 年各地区第一产业就业人数这个统计量，因此本书采用了数据的平滑处理，即 2006 年第一产业就业人数=（2005 年第一产业就业人数+2007 年第一产业就业人数）/2。

表 4-4 **2000—2010 年我国土地要素投入的省际面板数据汇总** 单位：千公顷

地 区	2000年	2001年	2002年	2003年	2004年	2005年	2006年	2007年	2008年	2009年	2010年
北 京	457.3	386.4	342	308.8	312.5	318.0	329.6	295.0	322.0	320.1	317.3
天 津	533.1	544.5	522.8	501.5	504.3	499.4	513.9	434.0	446.3	455.2	459.3
河 北	9 024.4	8 990.8	8 935.1	8 638.5	8 695.4	8 785.5	8 777.3	8 652.7	8 713.2	8 682.5	8 718.4
山 西	4 042.4	3 672.3	3 900.5	3 708.0	3 741.5	3 795.4	3 822.9	3 653.2	3 726.5	3 717.9	3 763.9
内蒙古	5 914.4	5 707.3	5 887	5 752.8	5 924.0	6 215.7	6 297.2	6 761.5	6 860.8	6 927.8	7 002.5
辽 宁	3 622.0	3 964.8	3 809.2	3 719.1	3 723.3	3 796.7	3 766.8	3 703.9	3 716.2	3 919.1	4 073.8
吉 林	4 542.2	4 890.1	4 687.7	4 716.8	4 904.0	4 954.1	4 984.6	4 944.0	4 998.2	5 077.5	5 221.4
黑龙江	9 329.5	9 989.2	9 858.4	9 802.7	9 888.4	10 083.7	10 467.9	11 898.5	12 088.4	12 129.2	12 156.2
上 海	520.7	490.9	476.7	419.2	404.4	403.6	401.4	390.7	388.4	396.1	401.2
江 苏	7 944.9	7 777.4	7 797.9	7 681.5	7 669.0	7 641.2	7 608.8	7 407.7	7 510.3	7 558.2	7 619.6
浙 江	3 554.3	3 245.9	3 064.5	2 834.4	2 778.4	2 837.9	2 848.4	2 462.8	2 482.4	2 504.8	2 484.7
安 徽	9 005.8	8 733.1	8 997.6	9 124.7	9 200.4	9 172.5	9 145.1	8 853.9	8 976.6	9 036.2	9 053.4
福 建	2 793.3	2 713.1	2 661.3	2 518.9	2 519.3	2 481.3	2 434.5	2 191.2	2 220.7	2 258.0	2 270.8
江 西	5 650.8	5 534.7	5 355.1	4 997.4	5 182.8	5 251.4	5 363.3	5 245.1	5 330.9	5 376.4	5 457.7
山 东	11 147.3	11 266.1	11 047.8	10 885.3	10 638.6	10 736.1	10 727.9	10 724.4	10 764.0	10 778.4	10 818.2
河 南	13 136.9	13 127.7	13 359.8	13 684.4	13 789.7	13 922.7	14 185.6	14 087.8	14 147.4	14 181.4	14 248.7
湖 北	7 584.1	7 489.0	7 355	7 138.3	7 155.9	7 279.4	7 350.3	7 030.0	7 298.3	7 527.5	7 997.6
湖 南	8002.1	7 931.7	7 789.9	7 731.2	7 886.2	7 977.6	8 074.0	7 390.7	7 555.0	8 019.3	8 216.1
广 东	5 156.9	5 193.1	4 932.4	4 883.4	4 808.0	4 815.4	4 838.4	4 363.1	4 404.3	4 476.0	4 524.5
广 西	6 260.7	6 288.1	6 299.9	6 279.1	6 368.2	6 489.2	6 460.2	5 594.4	5 695.6	5 826.5	5 896.9
海 南	906.0	871.7	863.3	906.7	826.9	778.1	821.2	754.3	810.6	829.4	833.7
重 庆	3 590.8	3 555.9	3 467.1	3 365.8	3 435.3	3 444.7	3 477.2	3 134.7	3 215.1	3 308.3	3 359.4
四 川	9 609.1	9 571.5	9 564.6	9 384.5	9 387.5	9 480.2	9 665.1	9 278.2	9 438.9	9 476.6	9 478.8
贵 州	4 696.7	4 650.7	4 645.4	4 634.2	4 695.0	4 804.1	4 855.0	4 464.5	4 619.4	4 780.7	4 889.1
云 南	5 786.0	5 929.6	5 813.1	5 756.0	5 890.0	6 053.8	6 144.7	5 801.9	6 056.2	6 343.9	6 437.3
西 藏	231.1	230.9	232.9	233.7	231.2	235.0	233.0	232.9	235.8	235.1	240.2
陕 西	4 555.4	4 331.9	4 198.3	4 055.8	4 099.8	4 201.8	4 247.9	4 044.7	4 165.8	4 154.1	4 185.6
甘 肃	3 740.2	3 688.9	3 649.9	3 620.9	3 668.9	3 726.0	3 743.4	3 759.0	3 868.6	3 938.6	3 995.2
青 海	553.7	529.0	494.3	466.8	473.3	476.7	489.8	516.7	513.6	514.1	546.9
宁 夏	1 016.5	1 007.6	1 147.9	1 129.5	1 158.3	1 099.3	1 127.2	1 189.8	1 209.7	1 226.7	1 247.9
新 疆	3 391.6	3 404.1	3 478.3	3 535.0	3 592.3	3 731.2	3 817.9	4 202.6	4 486.7	4 663.8	4 758.6

注：农业土地要素投入数据主要来源于 2000—2010 年《中国统计年鉴》中按各地区农作物总播种面积。

（4）计量检验

在以往传统的生产要素收入分配计量模型中，所采用的样本不是时间序列数据，就是截面数据。但利用时间序列数据或截面数据所得出的结果经常不太理想。劳动力的分配弹性大多为负，有的学者认为这是由于劳动力供给的充足，使得 C-D 生产函数中劳动力的产出弹性为负值，这与我国二元经济体制和农村劳动人口充裕有关，①引用了“刘易斯的二元经济论中劳动力的无限供给，传统部门的劳动产出边际效率小甚至为负值”②的结论。也有人认为是全要素生产率与要素投入生产率之间存在着严重的共线性，所以造成劳动的产出弹性为负。但这两种解释都有些牵强，无法从实质上解决这一计量的问题，作者认为是由于我国统计数据上的缺陷及样本过小所造成的问题，因此本书在计量要素分配弹性时，使用大样本的面板数据来分析，试图克服这两类数据的局限性。

面板数据的样本中同时含有时序数据和截面数据，也存在着共线性和平稳性问题，因此在回归之前应对数据进行单位根检验，在检验前对相关变量进行了对数处理。由于篇幅的关系，对数处理的结果放在附录中。

采用 EVIEWS 6.0 软件对各变量采用 Levin，Lin&Chut 方法进行单位根检验，结果见表 4-5。原假设为存在单位根过程，由表 4-5 可知，面板数据中的各个变量的概率为零，拒绝原假设，不存在单位根，符合平稳性检验。

表 4-5 **面板数据的单位根检验结果**

变量名称	农业生产总值	从业人员	资本投入	土地投入
Statistic	−16.6765	−13.3783	−16.8223	−15.1672
Prob	0.0000**	0.0000**	0.0000**	0.0000**

注：**为 5%水平下显著。

对 2001—2010 年省际面板数据对数生产函数模型（4.7）进行回归。首先，采用混合最小二乘法（OLS），结果见表 4-6。由表 4-6 可知，资本和劳动的系数显著，但土地要素投入的系数不明显。对面板数据采用固定效应和随机效应模型进行估计，估计结果见表 4-6，可得资

① 赵强军，赵凯．土地投入对我国农业发展的贡献测量［J］．湖北农业科学，2012（6）．
② 刘易斯．二元经济论［M］．北京：北京经济学院出版社，1989.

本、劳动和土地要素在 1%的至信水平下都显著。但三种方法得到的估计结果有显著的差异，因此需要验证哪种估计方法更合适。利用 F 检验来首先测定固定效应模型与混合 OLS 哪个更优。

表 4-6　**计量结果**

变量	科布—道格拉斯生产函数		
	混合 OLS	随机效应 OLS	固定效应 OLS
lnK	0.229759*** (10.81441)	0.244663*** (3.953530)	0.254241*** (6.941397)
lnL	0.832271*** (68.89580)	0.260948*** (9.989781)	0.474633*** (23.59725)
lnM	−0.060743* (−2.639592)	0.426770*** (5.542763)	0.192666*** (4.921975)
c	0.849133*** (13.38353)	0.154741* (0.269312)	0.736020*** (5.659456)
Observations	341	341	341
Number of Prov	31	31	31
R-squared	0.980805	0.996419	0.956049
Adjusted R-squared	0.980635	0.995901	0.954302
F	F（31，341）=547.1624 Prob（F−statistic）>F=0.000000		
Hausman P-value	Chi−Sq. Statistic 182.386812　Prob 0.000000		
函数 F 检验	Prob（F−statistic）>F=0.000000		

注：括号内为 t 统计量；*，**，***，分别表示 10%，5%，1%的显著性水平。倒数第三行为检验混合效应模型、固定效应模型和混合 OLS 模型的 F 值；倒数第二行为固定效应和随机效应的 Hausman 检验；最后一行为 C-D 生产函数检验函数形式的 F 值。

原假设 H_0：不同模型的截距项相同；

备选假设 H_1：不同模型的截距项不同；

F 统计量公式为：

$$F=\frac{(SSE_r-SSE_u)/(N-1)}{SSE_u/(NT-N-k)} \tag{4.8}$$

式中：SSE_r 表示混合 OLS 模型的残差平方和，SSE_u 为固定效应模型的残差平方和。N 为截面个体的个数，T 为时期的个数，k 为解释变量的个数。如果计算的 F 统计量值大于设定的显著水平的临界值 F（$N-1$，$NT-N-k$），则拒绝原假设，选择固定效应模型较为合适；如果小于临界值，接受原假设，混合数据模型更合适。由公式（4.8）可计算出 F 统计量的值为 F=6.20186，同时利用 STATA 10 软件，输入 disp invFtai（30，328，0.05），得到临界值为 1.5011。F 统计量值大于临界值，拒绝原假设，固定效应模型好于混合数据模型。

判断固定效应模型还是随机效应模型更好，一般采用 Hausman 检验。由表 4-6 可知，拒绝随机效应模型，采用固定效应模型为宜。

因此，我们拟合出来的对数农业生产函数为：

$$\ln Y = 0.736 + 0.254\ln K + 0.475\ln L + 0.193\ln M \tag{4.9}$$

因为柯布—道格拉斯函数的前提假设规模不变，$\alpha+\beta+\gamma=1$，但现实经济计量中很难满足这一假设条件，因此需要采用公式（4.10）将其正规化：

$$\begin{aligned} Y_1 = &\frac{\alpha}{\alpha+\beta+\gamma}L_1 + \frac{\beta}{\alpha+\beta+\gamma}K_1 + \frac{\gamma}{\alpha+\beta+\gamma}M_1 \\ &+\frac{\alpha}{\alpha+\beta+\gamma}Y_L + \frac{\beta}{\alpha+\beta+\gamma}Y_K + \frac{\gamma}{\alpha+\beta+\gamma}Y_M \end{aligned} \tag{4.10}$$

式中：$Y_1=\frac{\Delta Y}{Y}$，$L_1=\frac{\Delta L}{L}$，$K_1=\frac{\Delta K}{K}$，$M_1=\frac{\Delta M}{M}$，分别表示了产出增长率、劳动要素投入增长率、资本要素投入增长率和土地要素投入增长率。Y_L 表示劳动生产率的增长率，即 $Y_L=\frac{\Delta Y}{L}$；Y_K 表示资本生产率的增长率，即 $Y_K=\frac{\Delta Y}{K}$；Y_M 表示土地要素生产率的增长率，即 $Y_M=\frac{\Delta Y}{M}$。公式表明经济增长率 Y 由两部分组成：一部分是综合要素投入增长率，等于以相应要素投入弹性为权数的要素投入量增长率的加权和；另一部分是综合要素生产率的增长率，等于以相应要素投入弹性为权数的生产率的增长率的加权和。

根据公式（4.10）将对数农业生产函数正规化后为：

$$\ln Y = 0.679 + 0.276\ln K + 0.495\ln L + 0.239\ln M \tag{4.11}$$

（5）结果分析

①产出弹性分析

由公式（4.11）可知，α =0.276，即资本的产出弹性为 0.276，资本投入增加1%使得农业产出增加0.276%； β =0.495，劳动投入的产出弹性为0.495，劳动力投入增加1%使得农业产出增加0.495%； γ = 0.239，土地要素投入的产出弹性为0.239，土地每增加1%的投入使得农业产出增加0.239%。

②要素分配系数

考察总产出在劳动、资本和土地之间的分配，根据欧拉定理，如果生产函数为齐次函数，即当 $\alpha+\beta+\gamma=1$ 时，产出的要素分配比例为各自的要素弹性，即农业产出在劳动、资本和土地之间的分配比例分别为27.6%、49.5%和23.9%。

4.2.2.3　耕种土地收益分配系数的确定

根据理论推导和实证的计量，可知农业产出中土地要素的收入分配大约占农业收入的25%[①]，但考虑到我国土地播种面积的统计数据中没有把某些实际用于农业生产的土地（如农民的自留地、滩涂等）统计在内，而且在计量时没有考虑气候对农业投入质量的影响，如受灾造成的农业减产等情况，因此实际土地投入的产出弹性应该比计量出来的结果要大，考虑到随着工业化和城市化建筑用地的增加及土地供给的不可增加性，土地在农业生产中的作用将会越发凸显，综合理论推导与实证检验的结果，将耕种土地收益分配系数T定为0.25较为合适。

4.2.3　出租土地收益分配系数

土地的租金是指在农业生产中土地收益扣除土地承租人从事农业生产的风险补偿后所得的收入。因此，土地租金收益是在确定土地耕种收益的基础上，扣除承租人从事农业生产的风险溢价，确定出租土地收益分配系数的关键在于确定农业生产的风险溢价率。

4.2.3.1　农业生产的风险溢价率

本书对从1978—2008年中国粮食单产的农业生产风险损失的数据

---

①　根据辽宁大学人口研究所在对我国农户实际调研，认为土地生产收入大约占农民纯收入的将近30%，而农民纯收入占农业产值的70%～75%。作者自己测算下，土地收入大约占农业收入的23%，与作者计量的结果接近。

进行统计，得出我国农业生产的年平均风险值，见表 4-7。

表 4-7　　**1978—2008 年我国农业生产风险表**

地　区	所占比重 ω	农业生产损失率	各地风险损失均值
北　京	0.19%	8.79%	0.02%
天　津	0.28%	1.03%	0.00%
河　北	5.69%	17.42%	0.99%
山　西	2.97%	16.57%	0.49%
内蒙古	5.03%	26.58%	1.34%
辽　宁	2.87%	30.97%	0.89%
吉　林	4.11%	33.89%	1.39%
黑龙江	10.40%	0.57%	0.06%
上　海	0.17%	4.94%	0.01%
江　苏	4.81%	11.77%	0.57%
浙　江	1.13%	12.70%	0.14%
安　徽	5.99%	15.62%	0.94%
福　建	1.11%	3.94%	0.04%
江　西	3.30%	8.34%	0.28%
山　东	6.46%	5.82%	0.38%
河　南	8.92%	22.57%	2.01%
湖　北	3.73%	11.07%	0.41%
湖　南	4.41%	7.37%	0.33%
广　东	2.29%	4.68%	0.11%
广　西	2.78%	20.77%	0.58%
海　南	0.39%	45.98%	0.18%
重　庆	2.04%	12.41%	0.25%
四　川	5.82%	13.57%	0.79%
贵　州	2.76%	44.63%	1.23%
云　南	3.91%	17.87%	0.70%
西　藏	0.15%	2.35%	0.004%
陕　西	2.84%	9.33%	0.26%
甘　肃	2.56%	25.12%	0.64%
青　海	0.25%	15.14%	0.04%
宁　夏	0.77%	18.07%	0.14%
新　疆	1.85%	17.00%	0.31%
全国风险损失均值			15.52%

资料来源：根据农业部《新中国农业 60 年统计资料》总结计算而得。

注：在对农业生产的风险评估中，农业的生产风险不仅包括由于自然灾害所造成的粮食减产，还包括要素投入成本提高的风险，如随着化肥和农药的使用，其边际收益递减。由于没有具体农业生产风险损失的具体数据，本书只能采用粮食生产成灾面积与粮食作物总播种面积的比值来近似替代农业生产损失率，为了减少由于某个特别年份造成的数据异常，各省农业生产损失率采用 1978—2008 年农业生产

损失率的平均值。

$$农业生产损失率=\frac{\sum_{1978}^{2008}粮食成灾面积/粮食播种面积}{30}$$

ω 为各省粮食生产占全国粮食生产的比重；

$$全国风险损失均值=\sum 粮食生产损失率\times\omega$$

根据表 4-7 统计的结果，我国年均农业生产的风险损失大约为 15.52%。根据风险溢价的定义，得出农业生产的风险溢价率 r 为 15.52%。

4.2.3.2 出租土地收益分配系数

人均出租土地收益（ARR）是在确定人均土地耕种收益（ADR）的基础上，扣除承租人从事农业生产的风险溢价，即：

$$ARR=ADR\times(1-r) \tag{4.12}$$

$$ARR=AW\times T\times(1-r) \tag{4.13}$$

整理得到：

$$ARR=25\%\times(1-15.52\%)\times AW=21.12\%\times AW \tag{4.14}$$

得出出租土地收益分配系数的理论值为 R=21.12%。在辽宁大学人口研究所对我国农户“新农保”实施情况的调研中发现，土地的承租方在租赁土地时，都会刻意压低土地的出租价格，以获得更大的利润，而土地出租方选择土地出租大多是因为无力耕种或其他迫不得已的原因，通常会愿意接受低于理论值的土地出租价格。通过对农户的实际走访调查，发现土地出租收入大约占农民收入的 20%①。因此，这里确定出租土地收益分配系数 R=0.2，这是符合实际情况的。

4.2.4 土地养老保障系数

确定土地在农民养老保障中的作用，需要了解在土地收益中有多大的比重用于农民的养老，这是问题的关键。按以收定支的思路，要想对农村土地养老保障有清晰的度量，需要了解农民养老保障的实际支出水

① 辽宁大学人口研究所. 中国农户新农保调查报告［R］. 辽宁大学，2010.

平。目前，农民生活消费的日常支出主要包含以下八个方面：食品、衣着、居住、家用设备与服务、交通和通信、文教娱乐、医疗保健和其他。在农民的基本生活需求中，食品、衣服、住房、交通和通信、家庭设备等内容属于养老保障的需求，医疗支出属于医疗保障的需求①，因此，农民的养老支出应是日常消费总支出扣除医疗保障支出中由“新农合”负担的部分。考虑到农村老人相对于中青年农民，在吃穿住行上的支出相对要低很多，但在医疗需求方面支出较大。2012 年农村居民消费支出比重见表 4-8，农村家庭平均每人消费支出中，医疗支出为 436.75 元，占总支出的 9.23%，但这里统计的主体是全体农村居民，考虑到农村老人的其他支出要小于平均水平，而医疗支出要远远大于中、青年农民，根据中国卫生统计年鉴统计数据（见表 4-9），农村老人患病率大约为农村人口平均水平的 2 倍，即农村老人医疗保障支出为农村居民平均水平的 2 倍，按这个比例计算，农村老人医疗支出占其经常性消费支出的 20%左右。虽然目前各地区“新农合”的报销比例有所差别，但 2013 年卫生部明确“新农合”大病的报销比例和完成时限为：截至 2013 年 2 月，“新农合”原则上报销比例应达到限定费用的 70%，因此本书设定“新农合”的报销比例为 70%，计算可得农村老人“新农合”负担大约占经常性消费支出的 15%，即农村老人基本养老支出总额占其经常性消费支出的 85%，因此我们可以近似地认为，农民土地收益中大约 85%的收入用于养老支出。

表 4-8　**2011 年农村居民家庭平均每人消费支出比重**　金额单位：元

总计	食品	衣着	居住	家庭设备及用品	交通通信	文教娱乐	医疗保健	其他
4 733.35	1 651.29	341.07	930.24	308.64	547.03	396.36	436.75	121.98
100%	34.89%	7.21%	19.65%	6.52%	11.56%	8.37%	9.23%	2.58%

资料来源：2011 年《中国统计年鉴》。

① 李珍，王海东. 基本养老保险目标替代率研究［J］. 保险研究，2012（1）。

表 4-9　　每隔 5 年农村居民患病率比较

年份	农村人口患病率（‰）	农村老人患病率（‰）	倍数
1993	128.2	216	1.7
1998	137.1	242	1.8
2003	139.5	302.1	2.2
2008	176.7	398.2	2.3
平均	145.4	289.6	2.0

资料来源：《中国卫生统计年鉴》。

注：农村平均患病率和农村老人平均患病率用年鉴中“农村居民两周患病率”和“65 岁及以上两周患病率”来替代。

同时，依据辽宁大学人口研究所在对我国农户的实际调研，大多数农民认为其收入中大约 85%用于基本养老[①]。基于实际调研结果和统计数据推算，我们认为 $\theta=0.85$ 比较合理。

4.3　农村人均土地养老保障水平

由于我国幅员辽阔，土地分布和类型存在巨大的差异，土地养老保障水平也必然存在着地区和行业间的差别。因此，我们有必要从总体、分地区、分行业来测算农村人均土地养老保障水平。

4.3.1　农村人均土地养老保障的总体水平

4.3.1.1　人均农业收入

农业收入是农民依托土地进行农业生产获取收入进行养老的基础，广义的农业生产收入包括农业、林业、牧业和渔业收入。而农、林、牧、渔业的生产都离不开土地[②]要素的投入。我国农业生产整体收入随着资本、劳动力、土地等生产要素投入的增加、农业生产技术的进步和产业结构的优化而逐年递增，人均农、林、牧、渔业生产收入从 2000

① 辽宁大学人口研究所. 中国农户新农保调查报告［R］. 沈阳：辽宁大学，2010.
② 农业土地按用途分为多种类型，例如旱地、水田、池塘、山地、草地、牧场等。

年的 1 090.67 元上升到 2011 年的 2 519.91 元（见表 4-10），农业生产收入的逐年递增为农民土地养老保障提供了经济物质基础。

表 4-10 **中国历年人均农业生产收入** 单位：元

2000年	2001年	2002年	2003年	2004年	2005年	2006年	2007年	2008年	2009年	2010年	2011年
1 090.67	1 126.55	1 134.99	1 195.59	1 398.05	1 469.6	1 521.3	1 745.12	1 945.85	1 988.17	2 231.01	2 519.91

数据来源：2000—2011 年《中国统计年鉴》。

注：利用公式：人均农业收入=农村人均家庭经营纯收入×90%，来测算出现实人均农业收入。

4.3.1.2 农村人均土地养老保障的总体水平

这里的土地收益是土地耕种收益和土地出租收益的统称。按照公式（4.1）和（4.2）测算出我国农业产出中从 2000—2011 年历年的人均耕种土地养老保障水平和人均出租土地养老保障水平，见表 4-11 和表 4-12。

表 4-11 **2000—2011 历年人均耕种土地养老保障水平（元/年）**

2000年	2001年	2002年	2003年	2004年	2005年	2006年	2007年	2008年	2009年	2010年	2011年
231.80	239.36	241.15	254.07	297.08	312.29	323.26	370.86	413.53	422.45	474.13	535.50

数据来源：2000—2011 年《中国统计年鉴》。

注：按 $DW = W \times T \times \theta$ 计算而得，这里 T 取 0.25，θ 取 0.85。

表 4-12 **2000—2011 历年人均出租土地养老保障水平（元/年）**

2000年	2001年	2002年	2003年	2004年	2005年	2006年	2007年	2008年	2009年	2010年	2011年
185.41	191.52	192.95	203.26	237.67	249.84	258.62	296.67	330.80	337.98	379.27	428.38

数据来源：2000—2011 年《中国统计年鉴》。

注：按 $DW = W \times T \times \theta$ 计算而得，这里 R 取 0.2，θ 取 0.85。

如图 4-1 所示，随着土地收入的逐年递增，人均耕种土地养老保障水平和人均出租土地养老保障水平都呈增长的趋势。只有 2000—2003 年这几年增长速度相对平缓，但之后增长加快。这是因为随着经济增长，土地资源的稀缺性显现，土地与经济增长之间的关系更加密切，土地资源的重要性越发凸显。

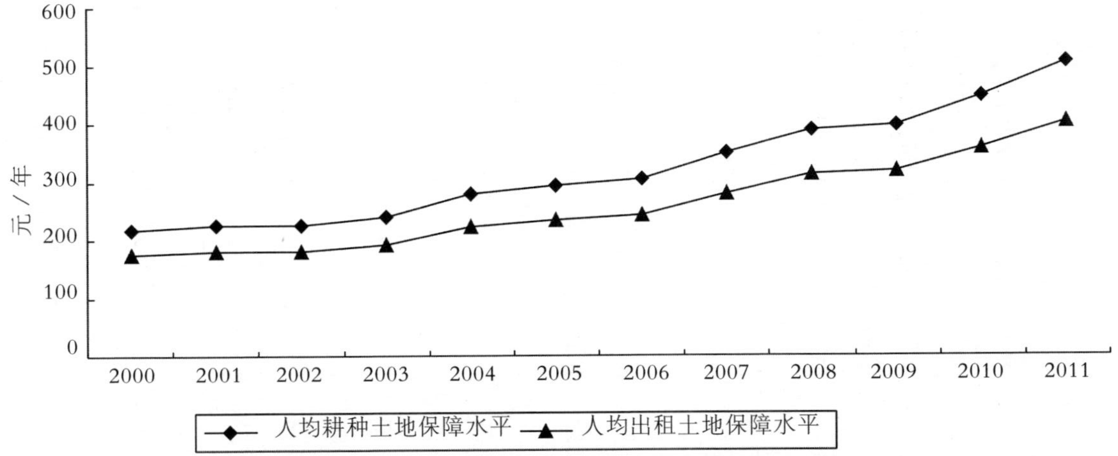

图 4-1　2000—2011 年历年人均耕种土地和出租土地养老保障水平

4.3.2 农村人均土地养老保障水平的地区差异分析

4.3.2.1 各地区人均农业收入

农业生产收入由于农业生产土地资源不均衡以及不同地域集中分布而产生地区差异。一般情况下，在土地资源丰富的地区，人均农业生产收入水平要高于土地资源匮乏地区人均农业生产收入水平。例如，北京、上海等地因为土地资源有限，人均占有土地数量不足而出现人均农业生产收入低与高经济发展水平之间的矛盾，2011 年北京和上海的人均农业生产收入仅为 1 635 元和 531 元；东北地区因土地资源丰富、土壤肥沃而具有较高的农业收入水平，2011 年东北地区的人均农业生产收入达到 3 400 多元。地区间农业生产收入差异最终形成高低不同的土地养老保障水平，从而影响各地区农民的养老福利水平。

随着农业税减免政策的实施和农业生产技术的进步，各地区农、林、牧、渔业生产能力得到稳步提升，农村居民家庭人均收入不断增加。但是各地区农业收入水平提升幅度和速度并不均等，受土地质量和人均土地数量差异影响，人均占有土地数量多、土地质量好的地区获取农业生产收入能力（水平）要高于人均占有土地数量少或土地质量差的地区。例如从 2000 年到 2011 年间，北京地区人均农业生产收入仅增长了 69 元，而辽宁地区人均农业生产收入则增长了 3 053 元；增长幅度最大的浙江，2011 年比 2000 年人均农业生产收入增加了 3 256 元，而增长幅度最小的上海甚至部分年度出现了负增长。同期，辽宁人均农业生产收入增长幅度比北京人均农业生产收入增长幅度要高 2 984 元；增长幅度差距最大的是浙江和上海，差距为 3 220 元（见表 4-13）。

4.3.2.2 农村人均土地养老保障水平的地区差异

各地区由于农业发展的情况有差异，因此各自的增长速度略有不同。在人均土地养老保障水平普遍增长的情况下，有些地区的人均土地的保障水平甚至出现了不升反降的现象，例如北京地区的人均土地养老保障水平呈现波动性发展趋势，上海地区人均土地养老保障养老水平呈

表 4-13　　**各地区 2000—2011 年历年人均农业生产收入**　　单位：元

地区	2000年	2001年	2002年	2003年	2004年	2005年	2006年	2007年	2008年	2009年	2010年	2011年
北京	1 294	1 174	1 239	1 306	1 441	1 600	1 761	2 074	1 853	1 386	1 635	1 363
天津	1 671	1 776	1 861	1 947	2 185	2 363	2 436	2 661	2 787	3 197	3 506	3 908
河北	1 276	1 351	1 416	1 481	1 699	1 790	1 836	2 025	2 174	2 196	2 457	3 006
辽宁	1 218	1 396	1 468	1 539	1 792	1 947	1 990	2 333	2 638	2 715	3 137	4 271
上海	841	870	801	732	769	698	691	679	640	531	531	877
江苏	1 594	1 605	1 610	1 615	1 817	1 913	2 044	2 309	2 531	2 645	2 894	3 490
浙江	1 726	1 800	1 949	2 099	2 280	2 510	2 776	3 131	3 387	3 483	3 876	4 982
福建	1 660	1 685	1 750	1 814	1 986	2 129	2 234	2 532	2 831	2 997	3 202	4 095
山东	1 509	1 535	1 611	1 687	1 932	2 032	2 169	2 431	2 667	2 816	3 111	3 935
广东	1 803	1 760	1 673	1 585	1 625	1 559	1 525	1 655	1 802	1 815	1 984	2 498
海南	1 708	1 602	1 756	1 910	2 032	2 111	2 238	2 583	2 912	3 083	3 207	3 827
山西	1 003	976	1 080	1 185	1 347	1 408	1 461	1 674	1 787	1 728	1 825	2 141
吉林	1 450	1 559	1 675	1 792	2 064	2 156	2 301	2 548	3 011	3 093	3 677	4 950
黑龙江	1 529	1 623	1 688	1 755	2 096	2 128	2 270	2 564	2 848	2 994	3 548	4 784
安徽	1 168	1 186	1 133	1 080	1 340	1 349	1 456	1 639	1 903	2 015	2 363	2 986
江西	1 188	1 218	1 220	1 221	1 503	1 607	1 678	1 992	2 298	2 417	2 627	3 421
河南	1 284	1 347	1 343	1 339	1 545	1 723	1 897	2 158	2 429	2 602	2 916	3 601
湖北	1 456	1 508	1 558	1 607	1 847	1 844	1 886	2 142	2 422	2 546	2 912	3 731
湖南	1 196	1 234	1 259	1 284	1 454	1 542	1 569	1 768	1 977	2 031	2 218	2 725
内蒙古	1 522	1 460	1 549	1 637	1 834	2 001	2 165	2 507	2 896	2 950	3 303	4 218
广西	1 167	1 167	1 137	1 107	1 229	1 364	1 535	1 776	1 972	2 005	2 259	3 008
重庆	1 040	1 023	1 045	1 067	1 277	1 387	1 215	1 476	1 815	1 901	2 092	2 748
四川	1 075	1 109	1 161	1 212	1 411	1 514	1 428	1 677	1 856	1 866	2 037	2 762
贵州	926	913	901	889	1 004	1 038	1 002	1 188	1 361	1 384	1 535	1 980
云南	1 004	1 024	1 071	1 119	1 248	1 377	1 469	1 719	1 941	2 051	2 259	2 966
西藏	841	971	NA	NA	993	1 068	1 270	1 506	1 661	1 761	2 078	3 143
陕西	811	795	811	828	925	1 007	1 097	1 211	1 328	1 413	1 694	2 017
甘肃	911	914	956	998	1 106	1 137	1 163	1 284	1 389	1 425	1 670	1 867
青海	1 008	1 004	1 042	1 080	1 201	1 224	1 237	1 329	1 443	1 499	1 776	2 089
宁夏	1 009	1 062	1 096	1 130	1 355	1 406	1 496	1 676	1 829	1 901	2 180	2 730
新疆	1 306	1 388	1 538	1 688	1 773	1 927	2 091	2 363	2 502	2 763	3 285	3 887

数据来源：2000—2011 年《中国统计年鉴》。

注：各地区人均农业收入计算方法同表 4-10。

现逐年下降趋势，这些地区土地养老保障对农村居民的养老保障能力有所减弱。针对土地养老保障功能弱化的趋势，需要建立和完善新型农村社会养老保险来补偿土地养老的不足。

此外，通过对各地区人均耕种土地养老保障水平和人均出租土地养老保障水平核算与比较发现，东北地区、浙江和新疆等土地资源丰富的地区，耕种土地和出租土地的绝对保障水平要领先于全国平均水平，北京、上海等土地数量少且土地质量贫瘠的地区，土地养老保障水平要低于全国平均水平（如表 4-14 和 4-15）。

表 4-14　**各地区 2000—2011 年人均耕种土地养老保障水平**　单位：元/年

地区	2000年	2001年	2002年	2003年	2004年	2005年	2006年	2007年	2008年	2009年	2010年	2011年	均值
北京	274.98	249.48	263.29	277.53	306.21	340.00	374.21	440.73	393.76	294.53	347.44	289.64	320.98
天津	355.09	377.40	395.46	413.74	464.31	502.14	517.65	565.46	592.24	679.36	745.03	830.45	536.53
河北	271.15	287.09	300.90	314.71	361.04	380.38	390.15	430.31	461.98	466.65	522.11	638.78	402.10
辽宁	258.83	296.65	311.95	327.04	380.80	413.74	422.88	495.76	560.58	576.94	666.61	907.59	468.28
上海	178.71	184.88	170.21	155.55	163.41	148.33	146.84	144.29	136.00	112.84	112.84	186.36	153.35
江苏	338.73	341.06	342.13	343.19	386.11	406.51	434.35	490.66	537.84	562.06	614.98	741.63	461.60
浙江	366.78	382.50	414.16	446.04	484.50	533.38	589.90	665.34	719.74	740.14	823.65	1058.68	602.07
福建	352.75	358.06	371.88	385.48	422.03	452.41	474.73	538.05	601.59	636.86	680.43	870.19	512.04
山东	320.66	326.19	342.34	358.49	410.55	431.80	460.91	516.59	566.74	598.40	661.09	836.19	485.83
广东	383.14	374.00	355.51	336.81	345.31	331.29	324.06	351.69	382.93	385.69	421.60	530.83	376.90
海南	362.95	340.43	373.15	405.88	431.80	448.59	475.58	548.89	618.80	655.14	681.49	813.24	512.99
山西	213.14	207.40	229.50	251.81	286.24	299.20	310.46	355.73	379.74	367.20	387.81	454.96	311.93
吉林	308.13	331.29	355.94	380.80	438.60	458.15	488.96	541.45	639.84	657.26	781.36	1051.88	536.14
黑龙江	324.91	344.89	358.70	372.94	445.40	452.20	482.38	544.85	605.20	636.23	753.95	1016.60	528.19
安徽	248.20	252.03	240.76	229.50	284.75	286.66	309.40	348.29	404.39	428.19	502.14	634.53	347.40
江西	252.45	258.83	259.25	259.46	319.39	341.49	356.58	423.30	488.33	513.61	558.24	726.96	396.49
河南	272.85	286.24	285.39	284.54	328.31	366.14	403.11	458.58	516.16	552.93	619.65	765.21	428.26
湖北	309.40	320.45	331.08	341.49	392.49	391.85	400.78	455.18	514.68	541.03	618.80	792.84	450.84
湖南	254.15	262.23	267.54	272.85	308.98	327.68	333.41	375.70	420.11	431.59	471.33	579.06	358.72
内蒙古	323.43	310.25	329.16	347.86	389.73	425.21	460.06	532.74	615.40	626.88	701.89	896.33	496.58
广西	247.99	247.99	241.61	235.24	261.16	289.85	326.19	377.40	419.05	426.06	480.04	639.20	349.31
重庆	221.00	217.39	222.06	226.74	271.36	294.74	258.19	313.65	385.69	403.96	444.55	583.95	320.27
四川	228.44	235.66	246.71	257.55	299.84	321.73	303.45	356.36	394.40	396.53	432.86	586.93	338.37
贵州	196.78	194.01	191.46	188.91	213.35	220.58	212.93	252.45	289.21	294.10	326.19	420.75	250.06
云南	213.35	217.60	227.59	237.79	265.20	292.61	312.16	365.29	412.46	435.84	480.04	630.28	340.85
西藏	178.71	206.34	NA	NA	211.01	226.95	269.88	320.03	352.96	374.21	441.58	667.89	324.96
陕西	172.34	168.94	172.34	175.95	196.56	213.99	233.11	257.34	282.20	300.26	359.98	428.61	246.80
甘肃	193.59	194.23	203.15	212.08	235.03	241.61	247.14	272.85	295.16	302.81	354.88	396.74	262.44
青海	214.20	213.35	221.43	229.50	255.21	260.10	262.86	282.41	306.64	318.54	377.40	443.91	282.13
宁夏	214.41	225.68	232.90	240.13	287.94	298.78	317.90	356.15	388.66	403.96	463.25	580.13	334.16
新疆	277.53	294.95	326.83	358.70	376.76	409.49	444.34	502.14	531.68	587.14	698.06	825.99	469.47

注：计算方法同表 4-10。

表 4-15　**各地区 2000—2011 年人均出租土地养老保障水平**　单位：元/年

地　区	2000年	2001年	2002年	2003年	2004年	2005年	2006年	2007年	2008年	2009年	2010年	2011年	均值
北　京	219.98	199.58	210.63	222.02	244.97	272	299.37	352.58	315.01	235.62	277.95	231.71	256.79
天　津	284.07	301.92	316.37	330.99	371.45	401.71	414.12	452.37	473.79	543.49	596.02	664.36	429.22
河　北	216.92	229.67	240.72	251.77	288.83	304.3	312.12	344.25	369.58	373.32	417.69	511.02	321.68
辽　宁	207.06	237.32	249.56	261.63	304.64	330.99	338.3	396.61	448.46	461.55	533.29	726.07	374.62
上　海	142.97	147.9	136.17	124.44	130.73	118.66	117.47	115.43	108.8	90.27	90.27	149.09	122.68
江　苏	270.98	272.85	273.7	274.55	308.89	325.21	347.48	392.53	430.27	449.65	491.98	593.3	369.28
浙　江	293.42	306	331.33	356.83	387.6	426.7	471.92	532.27	575.79	592.11	658.92	846.94	481.65
福　建	282.2	286.45	297.5	308.38	337.62	361.93	379.78	430.44	481.27	509.49	544.34	696.15	409.63
山　东	256.53	260.95	273.87	286.79	328.44	345.44	368.73	413.27	453.39	478.72	528.87	668.95	388.66
广　东	306.51	299.2	284.41	269.45	276.25	265.03	259.25	281.35	306.34	308.55	337.28	424.66	301.52
海　南	290.36	272.34	298.52	324.7	345.44	358.87	380.46	439.11	495.04	524.11	545.19	650.59	410.39
山　西	170.51	165.92	183.6	201.45	228.99	239.36	248.37	284.58	303.79	293.76	310.25	363.97	249.55
吉　林	246.5	265.03	284.75	304.64	350.88	366.52	391.17	433.16	511.87	525.81	625.09	841.5	428.91
黑龙江	259.93	275.91	286.96	298.35	356.32	361.76	385.9	435.88	484.16	508.98	603.16	813.28	422.55
安　徽	198.56	201.62	192.61	183.6	227.8	229.33	247.52	278.63	323.51	342.55	401.71	507.62	277.92
江　西	201.96	207.06	207.4	207.57	255.51	273.19	285.26	338.64	390.66	410.89	446.59	581.57	317.19
河　南	218.28	228.99	228.31	227.63	262.65	292.91	322.49	366.86	412.93	442.34	495.72	612.17	342.61
湖　北	247.52	256.36	264.86	273.19	313.99	313.48	320.62	364.14	411.74	432.82	495.04	634.27	360.67
湖　南	203.32	209.78	214.03	218.28	247.18	262.14	266.73	300.56	336.09	345.27	377.06	463.25	286.97
内蒙古	258.74	248.2	263.33	278.29	311.78	340.17	368.05	426.19	492.32	501.5	561.51	717.06	397.26
广　西	198.39	198.39	193.29	188.19	208.93	231.88	260.95	301.92	335.24	340.85	384.03	511.36	279.45
重　庆	176.8	173.91	177.65	181.39	217.09	235.79	206.55	250.92	308.55	323.17	355.64	467.16	256.22
四　川	182.75	188.53	197.37	206.04	239.87	257.38	242.76	285.09	315.52	317.22	346.29	469.54	270.70
贵　州	157.42	155.21	153.17	151.13	170.68	176.46	170.34	201.96	231.37	235.28	260.95	336.6	200.05
云　南	170.68	174.08	182.07	190.23	212.16	234.09	249.73	292.23	329.97	348.67	384.03	504.22	272.68
西　藏	142.97	165.07	NA	NA	168.81	181.56	215.9	256.02	282.37	299.37	353.26	534.31	259.96
陕　西	137.87	135.15	137.87	140.76	157.25	171.19	186.49	205.87	225.76	240.21	287.98	342.89	197.44
甘　肃	154.87	155.38	162.52	169.66	188.02	193.29	197.71	218.28	236.13	242.25	283.9	317.39	209.95
青　海	171.36	170.68	177.14	183.6	204.17	208.08	210.29	225.93	245.31	254.83	301.92	355.13	225.70
宁　夏	171.53	180.54	186.32	192.1	230.35	239.02	254.32	284.92	310.93	323.17	370.6	464.1	267.33
新　疆	222.02	235.96	261.46	286.96	301.41	327.59	355.47	401.71	425.34	469.71	558.45	660.79	375.57

注：计算方法同表 4-10。

土地养老保障水平受气候条件和经济发展态势影响较为明显，在各地区土地养老保障水平比较中，采用2000年至2011年土地养老保障水平的平均值来规避由于偶然因素对各地区土地养老保障水平造成的影响。根据各地区耕种土地养老保障水平的横向结果，全国平均的耕种土地养老保障水平为320.98元/月，上海的平均耕种土地养老保障水平最低，为153.35元/年，浙江的耕种土地养老保障平均水平最高，为602.07元/年，各地区土地养老保障水平的不同，成为各地根据当地情况来调节基础养老金水平的重要依据。各地区2000—2011年人均耕种土地和人均出租土地养老保障平均水平如图4-2所示。

4.3.3 农村人均土地养老保障水平的行业差异分析

4.3.3.1 各行业人均农业收入

农业生产收入由于农、林、牧、渔业不同的土地需求特质、气候约束条件以及生产回报周期而存在行业差别。例如，按照农业细分行业来看，农、林、牧、渔业人均收入12年间分别增长了1 062.74元、77.05元、255.19元和34.26元，虽然各细分行业绝对量都在增长，但是各细分行业的增长幅度和增长速度不尽相同。从产值比重上看，农业是农林牧渔业中的主导，农业收入占农村人均总收入的比重最高；牧业是仅次于农业的重要行业部门，牧业收入仅次于农业收入，牧业收入在农村人均总收入占有较大比重；林业和渔业受生产条件和投资回报期的影响，目前不能成为农村土地收入的核心部分，林业收入和渔业收入占农村人均总收入的比重较低(见表4-16)。总体来看，农业和牧业占有大量的土地面积和拥有相对集中的耕作优势，在农村人均纯收入中占有较高的份额，能够更好地为农牧民提供土地养老经济支持；而林业和渔业由于生产回报周期、集中程度以及气候条件的限制，目前还不能成为普遍意义上农村土地养老的主要来源。

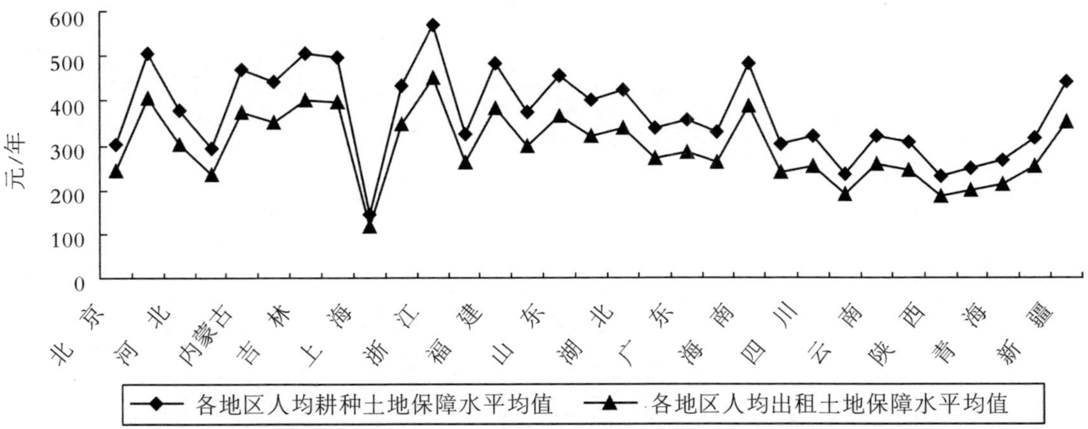

图 4-2 各地区 2000—2011 年人均耕种土地和人均出租土地养老保障平均水平

表 4-16 **2000—2011 年我国历年人均农、林、牧、渔业生产收入** 单位：元

年份	农业收入	林业收入	牧业收入	渔业收入
2000	833.93	22.44	207.35	26.95
2001	863.62	22.1	211.96	28.87
2002	866.67	25.53	210.62	32.17
2003	885.71	29.28	245.68	34.92
2004	1 056.5	34.13	271.08	36.34
2005	1 097.71	45.77	283.6	42.52
2006	1 159.56	54.97	265.58	41.19
2007	1 303.76	59.19	335.06	47.11
2008	1 426.96	66.18	397.52	55.19
2009	1 497.93	69.63	360.36	60.25
2010	1 723.49	87.68	355.56	64.28
2011	1 896.67	99.49	462.54	61.21

数据来源：2000—2011 年《中国农村统计年鉴》。

注：计算方法同表 4-10。

4.3.3.2 农村土地养老保障水平的行业差异

各行业由于在土地物质需求、气候条件和生产周期上存在差异，因此各自的增长速率也不同。总体来说，各行业的土地养老保障水平都有所增长，除了牧业由于自然灾害的原因近两年略有下降（见表 4-17 和表 4-18）。但各自在整个土地养老保障中所占的比重差距很大，农业和牧业占土地养老保障的 75.2%和 18.9%。而牧业和渔业仅占整个土地养老保障的 3.1%和 2.8%。

表 4-17 **各行业 2000—2011 年人均耕种土地养老保障水平** 单位：元/年

年份	农业耕种土地养老保障水平	林业经营土地养老保障水平	牧业经营土地养老保障水平	渔业经营土地养老保障水平
2000	177.20	4.77	44.06	5.73
2001	183.53	4.70	45.04	6.14
2002	184.17	5.42	44.76	6.83
2003	188.21	6.23	52.21	7.42
2004	224.51	7.25	57.61	7.72
2005	233.26	9.72	60.27	9.03
2006	246.40	11.68	56.44	8.76
2007	277.05	12.58	71.21	10.01
2008	303.23	14.07	84.47	11.73
2009	318.30	14.80	76.57	12.80
2010	366.24	18.64	75.55	13.66
2011	403.05	21.14	98.29	13.01

注：计算方法同表 4-11。

表 4-18　**各行业 2000—2011 年人均出租土地养老保障水平**　单位：元/年

年份	农业出租土地养老保障水平	林业出租土地养老保障水平	牧业出租土地养老保障水平	渔业出租土地养老保障水平
2000	141.76	3.81	35.25	4.58
2001	146.82	3.76	36.03	4.91
2002	147.34	4.34	35.81	5.46
2003	150.57	4.98	41.77	5.93
2004	179.61	5.80	46.09	6.18
2005	186.61	7.78	48.22	7.23
2006	197.13	9.34	45.16	7.00
2007	221.64	10.06	56.97	8.01
2008	242.58	11.25	67.58	9.38
2009	254.64	11.84	61.26	10.24
2010	293.00	14.91	60.45	10.93
2011	322.44	16.92	78.64	10.40

注：计算方法同表 4-12。

土地养老保障水平受气候条件和生产技术等方面影响较大，农、林、牧、渔业各自发展趋势略有不同。从行业的横向比较的结果来看，农业增长的速度最快，年平均增长为 9.18%；牧业和渔业由于土地物质的要求，增长相对较为平缓；牧业由于灾害的影响，近两年出现了负增长的情况。各行业土地收益差异造成农民依靠不同行业的土地收入所获得的养老保障水平的不同，这也成为各地根据当地农业生产的行业情况来调节基础养老金标准的主要参考依据。

各行业 2000—2011 年人均耕种土地养老保障水平和人均出租土地养老保障水平如图 4-3 和图 4-4 所示。

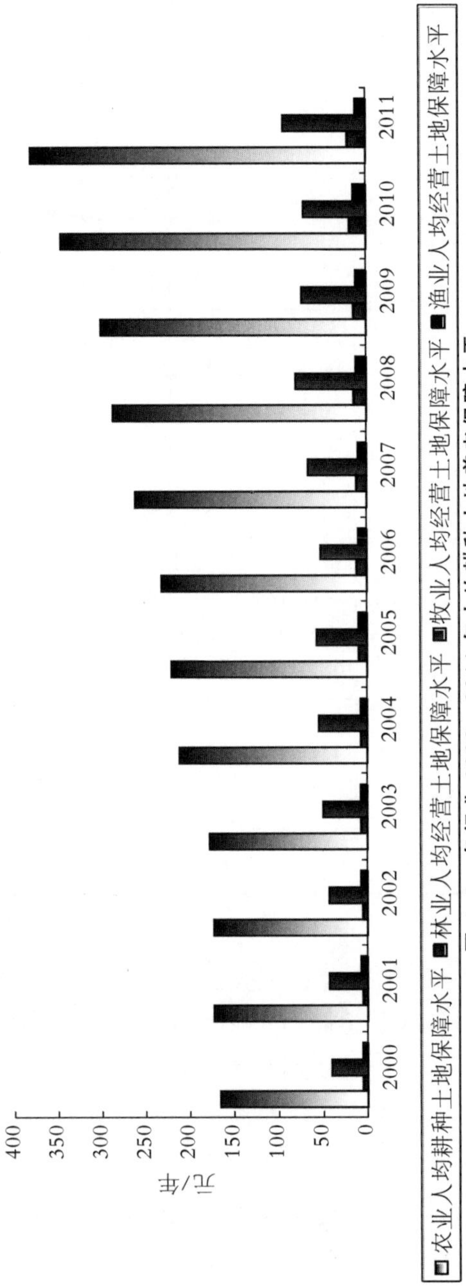

图 4-3 各行业 2000—2011 年人均耕种土地养老保障水平

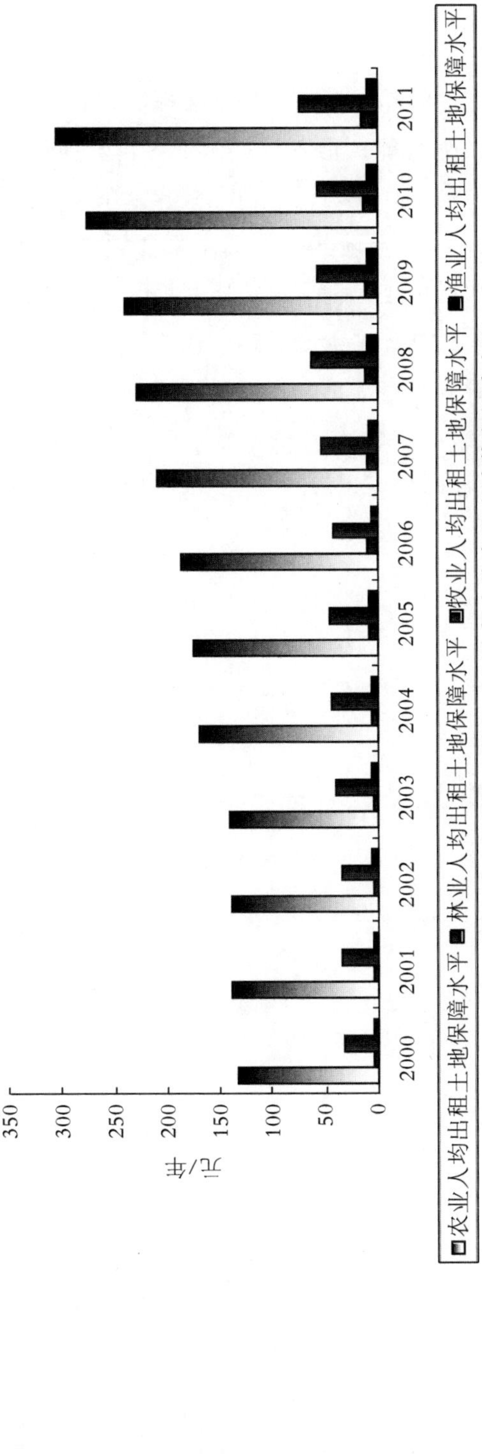

图 4-4 各行业 2000—2011 年人均出租土地养老保障水平

4.4 小结

总体上看，土地的养老保障水平显著提高，农民从依靠土地收入来保障其养老所需成为可能；但各地区由于各自土地收益的情况有差异，人均土地养老保障水平存在明显的地区差异，东北地区、浙江和新疆等土地资源丰富的地区，土地养老保障水平要领先于全国平均水平，北京、上海等土地数量少且土地质量贫瘠的地区，土地养老保障水平要低于全国平均水平。同时，由于农、林、牧、渔业对土地物质需求、气候条件和生产周期存在差异，各行业的人均土地养老保障水平差别很大，在农村养老保障收入获取比例中，农业、牧业占较大比重，而林业、渔业所占比重很小，因此，农民还是主要依靠种植业和畜牧业来实现土地养老保障。

第5章　农村养老保险体系中土地养老保障贡献分析

土地养老保障在农村养老保险体系中占有重要的地位，本章从农村土地养老保障的水平贡献和适度贡献两个维度，采用绝对总量分析和相对指标分析方法，提出“一个缺口、两个指数”的研究框架，实证分析农村养老保险体系中土地养老保障对农民养老的贡献。

5.1　农村土地养老保障贡献分析理论框架

5.1.1　农村土地养老保障贡献分析的概念与内涵

当前，土地养老保障存在耕种土地养老保障和出租土地养老保障两个序列，而绝大多数的老年农民会选择自己耕种或把土地转让给自己的子女耕种来获得养老保障的供给，很少的老年农民会选择把土地出租给别人以获得养老保障，因此，我们在研究土地养老保障贡献时着重探讨耕种土地养老保障对农民养老的贡献。

农村土地保障养老贡献是农村养老保险体系运行的重要指标，它主要是由土地养老保障的水平贡献和适度贡献两个维度决定的。从土地养老保障本身的功能分析，土地养老保障贡献程度直接关系着老年农民养老保障程度的高低，也直接关系到未来农村养老保障政策的制定及农村养老保险体系运行目标的实现。如果土地养老保障的贡献程度高，就会有越来越多的农民工选择回流到农村养老；如果土地养老保障的贡献程度低，更多的农民工会选择留在城市养老，而留在农村的老人就必然在依靠社会养老的同时，充分发挥土地养老保障及其他养老方式的辅助作用，才能满足农民的养老所需。由此可见，对农村土地养老保障贡献分析，是决定农村养老保险体系能否有效运行及可持续发展的关键，为我国未来养老保障政策的制定提供理论依据。

5.1.1.1 农村土地养老保障水平贡献

农村土地养老保障水平贡献，是以农村养老保险体系的保障水平作为判断的标准，反映土地养老保障对农村养老保险体系总体保障水平的贡献程度，是从“量”的维度对农村土地养老保障的贡献进行分析。土地养老保障对农村社会养老保险的补充作用是从土地养老保障水平总量上体现出来的，土地养老保障水平总量越大，土地养老保障的补充作用就越明显；反之，土地养老保障水平贡献就越小。同时，土地养老保障水平贡献还与其占农村总体保障水平的比重有关，所占比重越高，土地养老保障的水平贡献就越大；反之，土地养老保障的水平贡献就越小。

5.1.1.2 农村土地养老保障适度贡献

农村土地养老保障适度贡献是以农村养老保障适度水平作为判断的标准，反映农村土地养老保障对农村养老保障适度性的贡献程度，是从“度”的维度对农村土地养老保障的贡献进行分析。农村养老保障适度水平是一个区间（适度下限和适度上限）的概念，是指保持农村养老保障水平质和量的限度和幅度，土地养老保障对农村养老保障水平适度贡献是指分析土地养老保障对农村养老保障水平达到适度保障水平的作用如何，土地养老保障与农村养老保障水平适度下限的差距越小，或与其比值越大，土地养老保障的适度贡献就越大，反之，土地养老保障的适度贡献就越小。

5.1.2 农村土地养老保障贡献分析模型

5.1.2.1 农村土地养老保障贡献分析模型的指标选取

根据农村土地养老保障贡献的概念及内涵，农村土地养老保障贡献分析分为农村土地养老保障水平贡献分析和农村土地养老保障适度贡献分析，相应地，农村土地养老保障贡献分析模型的具体指标选取上也分为水平贡献和适度贡献两个层次（见表 5-1）。

表 5-1 **农村土地保障养老贡献分析模型指标体系**

指标分类	土地养老保障水平贡献分析模型	土地养老保障适度贡献分析模型
一级指标	土地养老保障水平贡献指数	土地养老保障缺口和土地养老保障适度贡献指数
二级指标	农村土地养老保障水平 DW、农村社会养老保险给付水平 SW、农村家庭养老保障水平 HW	农村土地养老保障水平 DW、农村适度保障水平下限 S_{-}

注：对于表 5-1 中的指标，给出以下两点说明：

（1）农村土地养老保障水平。现阶段由于土地的流转，造成部分农民失去土地，无土地农民与有土地农民相比，无法获得源自土地收益的养老保障。按照生存公平原则对农村无土地农民实施社会养老与社会救助联动，即对失去土地的农民采用农村最低生活保障制度加以救助，以解决农民养老的分化问题。经过测算，农村最低生活保障金与土地养老保障水平两者相差不多，因此对于无土地农民的土地养老保障的测算，完全可以近似用农村最低生活保障金替代。

（2）农村家庭养老保障水平。无子女的老年农民与有子女的老年农民相比，无法获得来自子女供养的养老保障。国家对于无子女的家庭采用农村计生家庭奖励扶助制度加以社会救助，因此对于无子女农民的家庭养老保障水平的测算，可以用农村计生家庭奖励扶助金替代。

5.1.2.2 农村土地养老保障贡献分析数理模型

根据农村土地保障养老贡献概念内涵和相关指标，分别建立农村土地养老保障水平贡献分析数理模型和农村土地养老保障适度贡献分析数理模型。

（1）农村土地养老保障水平贡献数理模型

对农村土地养老保障水平贡献分析，采用绝对总量分析和相对指标分析两种方法来进行探讨。通过不加入土地养老保障和加入土地养老保障的农村养老保障总体水平的适度性检验来分析土地养老保障对农村养老保障绝对水平的贡献度。

农村土地养老保障水平贡献的绝对分析并不能从养老保险体系的内在结构来反映农村土地养老保障对农村养老保障的贡献度。为了有效地反映土地养老保障占农民从养老保障体系中所获得的保障收入的比重，我们采用土地养老保障水平贡献指数，来反映土地养老保障水平贡献的相对程度。

$$\text{土地养老保障水平贡献指数} = \frac{DW}{DW + SW + HW} \tag{5.1}$$

式中：DW 表示农村土地养老保障水平；SW 表示农村社会养老保险给付水平；HW 表示农村家庭养老保障水平。

（2）农村土地养老保障适度贡献数理模型

同样，本书采用绝对总量分析和相对指标分析两种方法对农村土地养老保障的适度贡献进行分析。本书采用土地养老保障缺口来度量农村土地养老保障水平对农村养老保障适度贡献的绝对水平，用公式表示为：

$$\text{土地养老保障缺口} = S\_ - DW \tag{5.2}$$

式中：$S\_$ 表示农村适度保障水平的下限；DW 指标意义同公式（5.1）。

为了有效地反映农民从土地养老保障中获取养老需求对达到适度水平的满足程度，本书采用农村土地养老保障适度贡献指数，来反映土地养老保障对农村养老保障适度性贡献的相对水平，用公式表示为：

$$\text{土地养老保障适度贡献指数} = \frac{DW}{S\_} \tag{5.3}$$

式中：指标意义同公式（5.2）。

5.2 农村适度养老保障水平界定

农村适度养老保障水平是指在当前经济条件下社会、个人所供给的养老保障与农民自身养老需求相适应的保障程度，是质与量的统一。适度的标准是能否与农民的养老需求相适应，能否与社会保障的基本职能相适应，能否与当前农民生产力和发展水平相适应。适度保障水平的关键是能满足农民的基本养老需求，保障水平过低，农民缺乏保障的动力，失去了社会保障的基本意义；保障水平过高，超出了农民和国家的承受能力，缺乏效率，为经济和社会发展埋下隐患，当前的“欧债危机”为我们敲响了警钟。因此，设定适度的养老保障水平是保证我国农村养老保障制度得以顺利实施的关键，是本节要重点解决的问题。

5.2.1 农村适度养老保障水平下限

1973 年路迟（Liuch）在线性支出系统（LES）基础上提出“扩展线性支出系统模型（ELES）”。它把农民生活支出分解为基本需求和非基本需求。基本需求是保证基本生存的需求，与收入无关；非基本需求是指在其基本生存需求得以满足的情况下更高层次的需求，与收入有关。扩展线性支出模型的表达式为：

$$C_i = Cc_i + b_i(I - \sum_{i=1}^{n} Cc_i) \quad i=1,2,3,\cdots,n \tag{5.4}$$

式中：C_i 表示农民对第 i 类商品（或服务）的消费；Cc_i 表示对第 i 类商品的基本消费支出；I 表示纯收入；b_i 表示边际消费倾向，指每增加一单位货币，用于非基本需求支出的比重；$b_i(I - \sum_{i=1}^{n} Cc_i)$ 表示农民对第 i 类商品的非基本消费支出。

退休农民的基本消费支出公式为：

$$C_i = (Cc_i - b_i\sum_{i=1}^{n} Cc_i) + b_i I \quad i=1,2,3,\cdots,n \tag{5.5}$$

令 $a_i = (Cc_i - b_i\sum_{i=1}^{n} Cc_i)$，则将模型写为计量经济学方程，公式（5.5）变形为：

$$C_i = a_i + b_i \times I + u_i \tag{5.6}$$

式中：u_i 为随机项。

现在，对公式（5.5）两边求和，就得到测定模型：

$$Cc=\sum_{i=1}^{n}a_i/(1-\sum_{i=1}^{n}b_i) \tag{5.7}$$

农民对商品的消费支出和农民纯收入可从统计年鉴中查得，本书采用最小二乘法估计公式（5.6）中的参数 a_i 和 b_i。根据公式（5.7），可以测算出 Cc 值，这里用指标 R 来表示农村居民基本支出比重，公式为：

$$R=\frac{Cc}{RAHR} \tag{5.8}$$

式中：$RAHR$ 表示农村人均居民家庭纯收入；R 表示农村基本支出所占比重。已知农村人均居民家庭纯收入和农村居民基本支出比重，求得农村居民基本消费支出公式为：

$$Cc=RAHR\times \mathrm{R} \tag{5.9}$$

2007—2011 年人均消费性支出指标的参数估计值见表 5-2。

表 5-2　**2007—2011 年人均消费性支出指标的参数估计值**

2007年数据回归结果								
	食品	衣着	居住	家庭设备及服务	交通和通信	文、教、娱乐及服务	医疗保健	其他
a	456.63	30.7	-22.2	40.2	-25.3	-63.3	14.4	-3.2
b	0.218	0.041	0.14	0.034	0.084	0.087	0.049	0.018
R^2	0.899	0.608	0.698	0.757	0.886	0.734	0.799	0.693
2008年数据回归结果								
	食品	衣着	居住	家庭设备及服务	交通和通信	文、教、娱乐及服务	医疗保健	其他
a	513	32.3	67	21.9	-35.7	-78.8	9.7	5.7
b	0.221	0.039	0.123	0.035	0.082	0.081	0.051	0.065
R^2	0.707	0.699	0.685	0.747	0.850	0.718	0.685	0.724

续表

2009年数据回归结果								
	食品	衣着	居住	家庭设备及服务	交通和通信	文、教、娱乐及服务	医疗保健	其他
a	467.9	45.8	157.1	28.2	−73.2	−93	33.3	3.2
b	0.221	0.038	0.119	0.033	0.093	0.083	0.051	0.015
R^2	0.780	0.667	0.768	0.720	0.861	0.715	0.684	0.734
2010年数据回归结果								
	食品	衣着	居住	家庭设备及服务	交通和通信	文、教、娱乐及服务	医疗保健	其他
a	142.3	63.9	183.3	37.2	−72.4	−83.3	57.3	2.7
b	0.243	0.065	0.151	0.058	0.038	0.142	0.096	0.032
R^2	0.873	0.725	0.737	0.795	0.889	0.773	0.739	0.693
2011年数据回归结果								
	食品	衣着	居住	家庭设备及服务	交通和通信	文、教、娱乐及服务	医疗保健	其他
a	566. 6	29.2	201.2	35.5	−54.5	−80.1	41.5	−4.3
b	0.218	0.046	0.108	0.037	0.086	0.068	0.056	0.018
R^2	0.793	0.714	0.715	0.754	0.857	0.750	0.704	0.814

资料来源：2007—2011年《中国统计年鉴》和2007—2011年《中国人力资源和社会保障统计年鉴》。

注：利用EVIEWS 6.0软件，为了避免异方差性，采用加权OLS估计所得。

2007—2011年农民基本人均消费性支出比重见表5-3。

表 5-3　**2007—2011 年农民基本人均消费性支出比重**

2007年		2008年		2009年		2010年		2011年	
Cc（元）	R（%）	Cc（元）	R（%）	Cc（元）	R（%）	Cc（元）	R（%）	Cc（元）	R（%）
1 191.86	28.79	1 456.14	30.59	1 649.22	31.83	1 742.31	32.04	2 025.1	29.24
R的平均值（%）			31.22						

注：根据公式（5.7）和（5.8）求得。

农村基本人均消费支出比重是满足农村居民退休后最基本生活支出占农民人均收入的比重，应该基本接近或略高于农村最低生活保障线标准①。根据官方公布的农村最低保障线计算而得，2008 年农村最低生活保障水平占农村人均纯收入的 28%，2009 年则为 29%，均低于农村基本人均消费支出比重的平均值 31.2%，因此，农村基本人均消费支出比重为 31.22%较为合理，为了计算方便，这里取 R=30%。根据上表计算得出 2011 年的农村基本人均消费支出比重为 29.24%，接近于 30%，进一步验证 R=30%的结果是合理的。

因此我们小口径的农村适度养老保障水平公式为：

$$S_{-} = RAHR \times R \tag{5.10}$$

式中：S_{-} 表示农村养老保障适度水平的下限；$RAHR$ 和 R 参数意义同公式（5.8）。

2000—2011 年全国及各省适度养老保障水平下限见表 5-4。

表 5-4　**2000—2011 年全国及各省适度养老保障水平下限**　单位：元/年

地区	2000年	2001年	2002年	2003年	2004年	2005年	2006年	2007年	2008年	2009年	2010年	2011年
全 国	676.0	709.9	742.7	786.7	880.9	976.5	1 076.1	1 242.1	1 428.2	1 546.0	1 775.7	2 093.2
北 京	1 381.4	1 507.7	1 619.5	1 680.5	1 851.1	2 203.9	2 482.6	2 831.9	3 198.6	3 500.6	3 978.7	4 420.7
天 津	1 086.7	1 184.3	1 283.6	1 369.8	1 505.9	1 674.0	1 868.4	2 103.0	2 373.2	2 606.3	3 022.5	3 696.4

① 农民日常消费包括衣、食、住、行、医等层次。其中，代表农民养老生存需要的消费层次为衣、食、住消费。农民衣、食、行消费占日常消费的比例数据根据统计资料数据剥离而得。统计资料显示，1953—2009 年间农民衣、食、行消费占日常消费的比例是逐年下降的，其中 1953—1977 年衣、食、行消费占日常消费的比例基本在 90%左右；1978—1992 年这一比例在 70%～80%；1993—2005 年这一比例在 60%～70%；2006—2011 年这一比例在 55%～60%。参见《中国农村经济统计大全（1949—1986）》《中国统计年鉴（历年）》中的“农村居民家庭平均每人生活消费支出构成”数据。

续表

地区	2000年	2001年	2002年	2003年	2004年	2005年	2006年	2007年	2008年	2009年	2010年	2011年
河北	743.7	781.1	805.5	856.0	951.3	1 044.5	1 140.5	1 288.0	1 438.6	1 544.9	1 787.4	2 135.9
辽宁	706.7	767.4	825.4	880.3	992.1	1 107.1	1 227.1	1 432.0	1 672.9	1 787.4	2 072.4	2 489.0
上海	1 678.9	1 761.3	1 867.1	1 996.2	2 119.9	2 474.3	2 741.6	3 043.4	3 432.1	3 744.9	4 193.4	4 816.1
江苏	1 078.5	1 135.4	1 193.9	1 271.8	1 426.2	1 582.9	1 744.0	1 968.3	2 206.9	2 401.1	2 735.5	3 241.5
浙江	1 276.1	1 374.7	1 482.1	1 616.7	1 783.2	1 998.0	2 200.4	2 479.5	2 777.4	3 002.2	3 390.8	3 921.2
福建	969.1	1 014.2	1 061.6	1 120.2	1 226.8	1 335.1	1 450.4	1 640.1	1 858.8	2 004.1	2 228.1	2 633.6
山东	797.8	841.4	884.3	945.1	1 052.2	1 179.2	1 310.5	1 495.6	1 692.4	1 835.6	2 097.1	2 502.6
广东	1 096.3	1 130.9	1 173.6	1 216.4	1 309.8	1 407.1	1 523.9	1 687.2	1 919.9	2 072.1	2 367.1	2 811.5
海南	654.7	667.9	727.0	776.4	845.3	901.2	976.7	1 137.4	1 317.0	1 423.3	1 582.6	1 933.8
山西	571.7	586.8	644.9	689.8	776.9	867.2	954.3	1 099.7	1 229.2	1 273.2	1 420.9	1 680.4
吉林	606.8	654.7	690.3	759.1	899.9	979.2	1 092.3	1 257.4	1 479.8	1 579.8	1 871.2	2 253.0
黑龙江	644.5	684.1	721.6	752.7	901.6	966.4	1 065.7	1 239.7	1 456.7	1 562.0	1 863.2	2 277.2
安徽	580.4	606.0	635.3	638.2	749.8	792.3	890.7	1 066.9	1 260.7	1 351.3	1 585.6	1 869.7
江西	640.6	669.5	691.9	737.3	836.0	938.7	1 037.9	1 213.4	1 409.2	1 522.5	1 736.6	2 067.5
河南	595.7	629.4	664.7	670.7	765.9	861.2	978.3	1 155.5	1 336.3	1 442.1	1 657.1	1 981.2
湖北	680.6	705.6	733.2	770.0	867.0	929.8	1 025.8	1 199.2	1 396.9	1 510.6	1 749.7	2 069.4
湖南	659.1	689.8	719.4	759.9	851.3	935.3	1 016.9	1 171.3	1 353.7	1 472.7	1 686.6	1 970.1
内蒙古	611.5	592.0	625.8	680.3	781.9	896.7	1 002.6	1 185.9	1 396.9	1 481.3	1 658.9	1 992.5
广西	559.4	583.3	603.8	628.4	691.6	748.4	831.1	967.2	1 107.1	1 194.1	1 363.0	1 569.4
重庆	567.7	591.4	629.3	664.4	753.1	842.8	862.1	1 052.8	1 237.9	1 343.5	1 583.0	1 944.1
四川	571.1	596.1	632.3	669.0	755.7	840.8	900.7	1 064.0	1 236.4	1 338.6	1 526.1	1 838.6
贵州	412.2	423.5	447.0	469.4	516.5	563.1	595.4	712.2	839.1	901.6	1 041.6	1 243.6

续表

地区	2000年	2001年	2002年	2003年	2004年	2005年	2006年	2007年	2008年	2009年	2010年	2011年
云 南	443.6	460.1	482.6	509.1	559.3	612.5	675.1	790.2	930.8	1 010.8	1 185.6	1 416.6
西 藏	399.2	421.2	438.7	507.2	558.4	623.4	730.5	836.5	952.7	1 059.5	1 241.6	1 471.3
陕 西	433.2	447.2	478.9	502.7	560.0	615.8	678.1	793.4	940.9	1 031.3	1 231.5	1 508.4
甘 肃	428.6	452.6	477.1	501.9	555.7	594.0	640.2	698.7	817.1	894.0	1 027.4	1 172.8
青 海	447.1	467.2	500.7	538.2	587.3	645.4	707.5	805.1	918.4	1 003.8	1 158.8	1 382.5
宁 夏	517.3	546.9	575.2	613.0	696.0	752.7	828.0	954.3	1 104.4	1 214.5	1 402.5	1 623.0
新 疆	485.4	513.1	559.0	631.9	673.5	744.6	821.2	954.9	1 050.9	1 164.9	1 392.8	1 632.6

注：农村家庭人均纯收入根据 2000—2011 年的《全国统计年鉴》查得，农村居民基本支出比重设定为 30%。根据公式（4.10）计算而得。

5.2.2 农村适度养老保障水平上限

目前，农民生活消费的八大日常支出中，医疗保健支出主要由“新农合”来负担，因此农民日常生活消费支出中去掉医疗保健支出由“新农合”负担的部分作为农村适度保障水平的大口径，农民养老保障水平的上限公式为：

$$S^{-}=FCS-\eta\times HCS \tag{5.11}$$

式中：S^{-} 表示农村适度保障水平的上限；FCS 表示农民日常生活消费支出；HCS：医疗保障支出；η 表示新农合的报销比例，这里取 70%。

农村养老保障适度水平反映农民支出的两个维度，适度下限反映农民最基本的生活需求，体现农民的生存公平；适度上限反映对农民劳动收入的替代。一般经济发达地区所需的基本生活支出的绝对值也要高于欠发达地区的基本生活支出的绝对值，但基本生活支出在农民收入中所占的比重应该大致相同，因此我们在制定农村养老相关政策时，应充分考虑地区之间由于经济发展水平不同而造成的适度养老水平上下限的不同，从而实现地区间的公平。

2000—2011 年全国及各省适度养老保障水平上限见表 5-5。

表 5-5　**2000—2011 年全国及各省适度养老保障水平上限**　单位：元/年

地区	2000年	2001年	2002年	2003年	2004年	2005年	2006年	2007年	2008年	2009年	2010年	2011年
全国	1 608.8	1 673.5	1 761.55	1 862.3	2 093.3	2 437.7	2 695.0	3 076.7	3 488.5	3 792.2	4 153.6	4 784.4
北京	3 251.4	3 359.9	3 495.12	3 897.9	4 261.7	4 962.8	5 321.4	5 958.6	6 788.0	8 290.1	8 666.3	10 042.5
天津	1 806.0	1 954.9	2 031.49	2 202.2	2 518.1	2 910.5	3 156.8	3 324.0	3 614.7	4 063.3	4 684.4	6 153.8
河北	1 310.4	1 372.9	1 407.02	1 529.0	1 753.7	2 071.4	2 378.9	2 655.1	2 972.0	3 147.3	3 603.9	4 276.5
辽宁	1 676.9	1 715.9	1 700.20	1 791.2	1 971.3	2 642.5	2 879.4	3 182.7	3 615.7	3 967.3	4 199.8	4 923.6
上海	3 991.4	4 567.8	5 105.68	5 436.6	6 031.7	6 884.7	7 621.4	8 445.1	8 631.7	9 287.1	9 801.3	10 140.7
江苏	2 246.8	2 271.8	2 520.54	2 604.9	2 878.3	3 428.1	3 972.6	4 601.5	5 124.7	5 578.4	6 289.3	7 449.0
浙江	3 090.8	3 302.8	3 506.33	4 070.7	4 430.8	5 142.0	5 735.6	6 484.9	7 161.6	7 305.4	8 432.4	9 043.8
福建	2 348.5	2 431.9	2 500.06	2 625.2	2 920.1	3 184.8	3 477.8	3 931.6	4 523.4	4 862.4	5 322.4	6 219.7
山东	1 687.7	1 824.5	1 908.52	2 036.0	2 280.2	2 603.8	2 988.5	3 460.0	3 880.7	4 206.1	4 538.5	5 392.2
广东	2 575.8	2 620.3	2 743.18	2 831.1	3 133.6	3 565.0	3 748.1	4 062.8	4 691.2	4 857.4	5 300.4	6 327.0
海南	1 453.0	1 330.1	1 559.26	1 577.6	1 684.8	1 904.0	2 154.5	2 489.7	2 796.4	2 998.1	3 349.4	3 876.0
山西	1 106.8	1 180.2	1 309.53	1 377.5	1 577.5	1 805.7	2 153.4	2 563.0	2 950.3	3 136.1	3 433.6	4 237.7
吉林	1 481.5	1 577.3	1 587.71	1 707.9	1 858.4	2 170.5	2 521.3	2 847.5	3 176.7	3 544.9	3 823.7	4 632.2
黑龙江	1 458.3	1 515.9	1 590.05	1 567.1	1 745.6	2 367.2	2 440.5	2 926.7	3 599.0	3 937.3	4 081.0	4 760.0
安徽	1 280.9	1 364.2	1 424.71	1 535.3	1 749.3	2 102.7	2 305.4	2 630.1	3 144.5	3 496.1	3 828.2	4 516.8
江西	1 598.2	1 669.3	1 728.28	1 843.2	2 018.3	2 375.4	2 565.2	2 877.1	3 165.2	3 369.7	3 740.9	4 313.2

续表

地 区	2000年	2001年	2002年	2003年	2004年	2005年	2006年	2007年	2008年	2009年	2010年	2011年
河 南	1 271.3	1 327.9	1 399.85	1 444.7	1 597.4	1 805.2	2 130.9	2 555.2	2 893.7	3 218.5	3 480.7	3 920.2
湖 北	1 506.8	1 587.9	1 682.27	1 734.7	2 011.5	2 335.4	2 611.8	2 964.9	3 505.3	3 559.8	3 884.1	4 572.5
湖 南	1 885.4	1 923.3	1 996.77	2 065.5	2 385.4	2 638.7	2 875.7	3 223.4	3 634.1	3 840.2	4 104.9	4 782.8
内蒙古	1 541.8	1 475.4	1 565.27	1 683.5	1 974.4	2 322.7	2 609.0	3 059.1	3 393.7	3 676.6	4 133.3	4 973.5
广 西	1 451.3	1 508.0	1 639.78	1 698.9	1 870.1	2 263.2	2 327.2	2 643.2	2 877.0	3 087.5	3 295.0	3 909.6
重 庆	1 347.3	1 414.9	1 444.58	1 520.7	1 773.2	2 042.3	2 093.4	2 408.7	2 746.9	2 972.3	3 435.4	4 126.8
四 川	1 433.6	1 439.8	1 537.18	1 683.1	1 933.5	2 173.1	2 282.8	2 624.9	2 981.5	3 960.7	3 704.3	4 262.4
贵 州	1 077.3	1 076.8	1 114.92	1 152.5	1 263.3	1 502.1	1 573.3	1 858.2	2 098.2	2 328.7	2 727.8	3 209.5
云 南	1 225.8	1 287.9	1 333.23	1 349.7	1 509.7	1 703.4	2 098.9	2 519.6	2 863.2	2 786.6	3 230.4	3 690.6
西 藏	1 105.3	1 094.8	977.18	1 015.2	1 450.4	1 692.7	1 964.2	2 182.6	2 161.9	2 349.4	2 617.1	2 675.8
陕 西	1 187.2	1 270.8	1 418.60	1 380.7	1 535.4	1 780.4	2 044.1	2 403.8	2 803.5	3 118.7	3 530.5	3 958.3
甘 肃	1 034.6	1 074.4	1 095.41	1 269.5	1 404.6	1 739.8	1 766.3	1 912.3	2 285.6	2 640.4	2 799.8	3 325.6
青 海	1 163.5	1 270.5	1 303.47	1 482.1	1 587.8	1 869.4	2 044.0	2 286.0	2 707.6	3 005.5	3 559.0	4 228.7
宁 夏	1 355.2	1 320.0	1 331.80	1 555.7	1 796.0	1 955.3	2 115.7	2 361.2	2 871.7	3 098.5	3 720.6	4 282.0
新 疆	1 184.9	1 289.6	1 341.86	1 383.8	1 590.5	1 805.9	1 899.6	2 203.1	2 520.6	2 729.0	3 237.6	4 021.0

资料来源：2000—2011 年《全国统计年鉴》。

注：根据公式（5.11）计算而得。报销比例 η =70%。

为了避免由于特定的年份所造成的统计数据的异常，我们采用各年度适度水平的均值来反映各地区适度水平的差异。由图 5-1 可知，全国适度水平的下、上限均值为 1 161.2 元/年和 2 785.7 元/年。各地区相比，上海、浙江、北京、广东的适度水平明显高于其他地区，上海适度水平最高，下限为 2 822.4 元/年，上限为 7 162.1 元/年；贵州的适度养老水平最低，下限为 680.4 元/年，上限为 1 748.57 元/年。

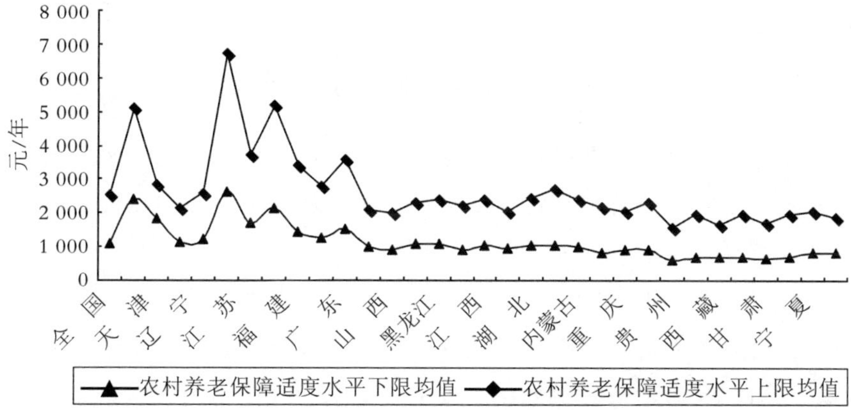

图 5-1　2000—2011 年全国与各地区平均适度养老水平

农村适度保障水平的下限是保障农民的最基本生存需求，大致与农村恩格尔系数接近，增长相对比较缓慢，图形比较平缓；而农村适度保障水平的上限是保证农民的衣、食、住、行等消费支出，保障水平接近于退休前的水平，增长速度非常快，图形陡峭。由图 5-2 可知，农村适度保障水平区间形成“剪刀差”，这与当前生产力发展现状是密不可分的。

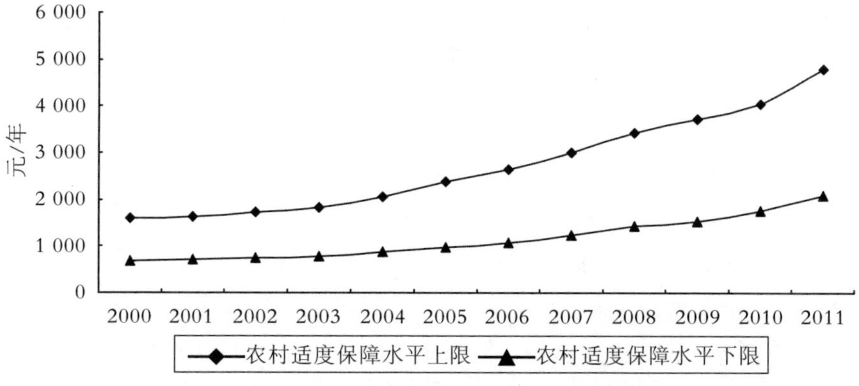

图 5-2　2000—2011 年全国农村适度保障区间

5.3 农村土地养老保障贡献实证分析

对农村土地养老保障贡献分析，是以农村养老保险体系的理论与现实保障水平作为判断的标准，从土地养老保障的水平贡献和适度贡献两个维度，采用绝对总量分析和相对指标分析方法来对土地养老保障的贡献进行实证检验。

5.3.1 农村土地养老保障的水平贡献分析

依据农村土地养老保障贡献分析框架，对农村土地养老保障水平贡献分析采用绝对分析和相对分析两种方法，从“量”和“度”两个角度加以分析。

5.3.1.1 农村土地养老保障水平贡献的绝对分析

农村老年人的养老经济来源主要有以下几个方面：一是来自于土地养老保障，利用承包的土地使用权来获得土地收益中用于养老保障的部分；二是来自家庭养老，子女供养父母的费用；三是新型农村养老保险提供的养老保障金。农村土地收益主要包括：直接从事农业生产或将土地使用权转让给自己的儿女间接地获取土地耕种的收益，以及将土地使用权转租给他人获取土地出租的租金。通常情况下耕种土地收益要大于出租土地的收入，而农民的土地在其心目中的地位较高，被视为其最为可靠的养老保障，实际农村土地使用中约86.9%的农村老年人倾向于自己耕种或转让给子女耕种[①]。因此，本书在对土地养老保障的贡献分析时，选取耕种土地养老保障水平作为土地养老保障水平进行分析，此后部分依然沿用。

（1）农村社会养老保险给付水平

目前我国新型农村养老保险的给付标准为，基础养老金标准为每人每个月55元，地方财政每人每年不低于30元，个人账户养老金（缴费标准为每年100～500元，5档）的月计发标准为个人账户积累

① 穆怀中．中国农民有无土地两序列养老路径及养老水平研究［J］．中国软科学，2012（12）．

余额除以139。以2008年的数据为基年，如果个人缴费标准为每人每年100元，那么占人均纯收入的2.1%，农民完全负担得起，因此这里我们假定中西部地区选取低档标准（100元/年），东部地区选取中等缴费标准（300元/年）；2008年我国中央财政收入为32 680.56亿元，中央财政对“新农保”全年的补贴占全年财政收入的1.64%[①]，考虑到中央财政收入的高速增长，中央财政对“新农保”的补贴完全可以负担；地方财政对“新农保”2008年各地区补贴占地方财政收入的平均水平是0.86%，不会对地方财政支出的其他项目造成挤占，[②]目前各地区地方财政对“新农保”的补贴一般按每年100元的标准，中西部地区有些地区还达不到100元，考虑地方财政的快速增长趋势和财政补贴的可持续性，假定中西部地区地方财政补贴为50元/年，东部地区地方财政补贴为100元/年。我们计算农民实际养老金领取额为：

2009年末对年龄已达60岁的老人，其实际领取额为中西部地区每年710元（55×12+50），东部地区每年760元（55×12+100）。

对年龄未满60岁的中青年，个人缴费额度为中西部每人每年100元，东部地区每人每年300元，缴费年限按15年或补足15年计算，其实际60岁后领取的养老保险额中西部为每人每年840元（100×15÷139×12+55×12+50=839.5）；东部地区为1 148元（300×15÷139×12+55×12+100=1 148.5）。这里都没有考虑个人账户的增值、物价水平和地方财政补贴的增长等客观因素。

各地区2000—2011年农村养老保险给付水平见表5-6。

（2）人均家庭养老保障水平

采用穆怀中（2012）[③]的研究成果，认为人均家庭养老保障水平为农村人均家庭纯收入的20%，按这个比例计算出人均家庭养老保障水平，见表5-7。

---

① 邓大松，薛惠元．新农保财政补助数额的测算与分析——基于2008年的数据［J］．江西财经学院学报，2010（2）．

② 程湛恒．新农保制度的地方投入不足问题新探［EB/OL］．（2012-07-01）．http：//mea.pku.edu.cn/8/2012-07-01/4594.html.

③ 穆怀中．完善农村养老保险体系与提高社会保障水平研究［R］．国家社会科学基金重大招标项目，2012．

表 5-6 **各地区 2000—2011 年农村养老保险给付水平** 单位：元/年

地区	2000年	2001年	2002年	2003年	2004年	2005年	2006年	2007年	2008年	2009年	2010年	2011年
全国	113.03	113.03	113.03	113.03	113.03	113.03	113.03	113.03	113.03	727.74	949.29	949.29
北京	144	144	144	144	144	144	144	144	144	760	1 148	1 148
天津	144	144	144	144	144	144	144	144	144	760	1 148	1 148
河北	144	144	144	144	144	144	144	144	144	760	1 148	1 148
辽宁	144	144	144	144	144	144	144	144	144	760	1 148	1 148
上海	144	144	144	144	144	144	144	144	144	760	1 148	1 148
江苏	144	144	144	144	144	144	144	144	144	760	1 148	1 148
浙江	144	144	144	144	144	144	144	144	144	760	1 148	1 148
福建	144	144	144	144	144	144	144	144	144	760	1 148	1 148
山东	144	144	144	144	144	144	144	144	144	760	1 148	1 148
广东	144	144	144	144	144	144	144	144	144	760	1 148	1 148
海南	144	144	144	144	144	144	144	144	144	760	1 148	1 148
山西	96	96	96	96	96	96	96	96	96	710	840	840
吉林	96	96	96	96	96	96	96	96	96	710	840	840
黑龙江	96	96	96	96	96	96	96	96	96	710	840	840
安徽	96	96	96	96	96	96	96	96	96	710	840	840
江西	96	96	96	96	96	96	96	96	96	710	840	840
河南	96	96	96	96	96	96	96	96	96	710	840	840
湖北	96	96	96	96	96	96	96	96	96	710	840	840

续表

地区	2000年	2001年	2002年	2003年	2004年	2005年	2006年	2007年	2008年	2009年	2010年	2011年
湖南	96	96	96	96	96	96	96	96	96	710	840	840
内蒙古	96	96	96	96	96	96	96	96	96	710	840	840
广西	96	96	96	96	96	96	96	96	96	710	840	840
重庆	96	96	96	96	96	96	96	96	96	710	840	840
四川	96	96	96	96	96	96	96	96	96	710	840	840
贵州	96	96	96	96	96	96	96	96	96	710	840	840
云南	96	96	96	96	96	96	96	96	96	710	840	840
西藏	96	96	96	96	96	96	96	96	96	710	840	840
陕西	96	96	96	96	96	96	96	96	96	710	840	840
甘肃	96	96	96	96	96	96	96	96	96	710	840	840
青海	96	96	96	96	96	96	96	96	96	710	840	840
宁夏	96	96	96	96	96	96	96	96	96	710	840	840
新疆	96	96	96	96	96	96	96	96	96	710	840	840

注：由于在“老农保”时期经历了推广、衰退和创新各个阶段，政策不统一和地方财政投入不完善，这段时期一直处于不断摸索中。老农保的缴费标准为月缴费 2～20 元 10 个等级，领取时根据缴费标准、年限确定支付，财政补贴基本没有，基本处于农民低水平自己养老积累形式。因此我们假定 2009 年以前，中西部地区养老金领取额为 96 元（按每人每月 8 元这档），东部地区养老金领取额为 144 元（按每人每月 12 元这档）；2009 年中西部地区养老金领取额为中西部 710 元，东部 760 元；假定中西部地方财政补贴金额为每人每年 50 元，东部为每人每年 100 元，则中西部地区养老金额为 840 元，东部为 1 148 元。

表 5-7　**各地区 2000—2011 家庭养老保障水平**　单位：元/年

地　区	2000年	2001年	2002年	2003年	2004年	2005年	2006年	2007年	2008年	2009年	2010年	2011年
全　国	450.6	473.2	495.2	524.4	587.2	651.0	717.4	828.0	952.2	1 030.6	1 183.8	1 395.5
北　京	921.0	1 005.2	1 079.6	1 120.4	1 234.0	1 469.2	1 655.0	1 888.0	2 132.4	2 333.8	2 652.4	2 947.1
天　津	724.4	789.6	855.8	913.2	1 004.0	1 116.0	1 245.6	1 402.0	1 582.2	1 737.6	2 015.0	2 464.2
河　北	495.8	520.8	537.0	570.6	634.2	696.4	760.4	858.6	959.0	1 030.0	1 191.6	1 423.9
辽　宁	471.2	511.6	550.2	586.8	661.4	738.0	818.0	954.6	1 115.2	1 191.6	1 381.6	1 659.3
上　海	1 119.2	1 174.2	1 244.8	1 330.8	1 413.2	1 649.6	1 827.8	2 029.0	2 288.0	2 496.6	2 795.6	3 210.8
江　苏	719.0	757.0	796.0	847.8	950.8	1 055.2	1 162.6	1 312.2	1 471.2	1 600.8	1 823.6	2 161.0
浙　江	850.8	916.4	988.0	1 077.8	1 188.8	1 332.0	1 467.0	1 653.0	1 851.6	2 001.4	2 260.6	2 614.1
福　建	646.0	676.2	707.8	746.8	817.8	890.0	967.0	1 093.4	1 239.2	1 336.0	1 485.4	1 755.7
山　东	531.8	561.0	589.6	630.0	701.4	786.2	873.6	997.0	1 128.2	1 223.8	1 398.0	1 668.4
广　东	730.8	754.0	782.4	811.0	873.2	938.0	1 016.0	1 124.8	1 280.0	1 381.4	1 578.0	1 874.3
海　南	436.4	445.2	484.6	517.6	563.6	600.8	651.2	758.2	878.0	948.8	1 055.0	1 289.2
山　西	381.2	391.2	430.0	459.8	518.0	578.2	636.2	733.2	819.4	848.8	947.2	1 120.3
吉　林	404.6	436.4	460.2	506.0	600.0	652.8	728.2	838.2	986.6	1 053.2	1 247.4	1 502.0
黑龙江	429.6	456.0	481.0	501.8	601.0	644.2	710.4	826.4	971.2	1 041.4	1 242.2	1 518.1
安　徽	387.0	404.0	423.6	425.4	499.8	528.2	593.8	711.2	840.4	900.8	1 057.0	1 246.4
江　西	427.0	446.4	461.2	491.6	557.4	625.8	692.0	809.0	939.4	1 015.0	1 157.8	1 378.3

续表

地区	2000年	2001年	2002年	2003年	2004年	2005年	2006年	2007年	2008年	2009年	2010年	2011年
河南	397.2	419.6	443.2	447.2	510.6	574.2	652.2	770.4	890.8	961.4	1 104.8	1 320.8
湖北	453.8	470.4	488.8	513.4	578.0	619.8	683.8	799.4	931.2	1 007.0	1 166.4	1 379.6
湖南	439.4	459.8	479.6	506.6	567.6	623.6	678.0	780.8	902.4	981.8	1 124.4	1 313.4
内蒙古	407.6	394.6	417.2	453.6	521.2	597.8	668.4	790.6	931.2	987.6	1 106.0	1 328.3
广西	373.0	388.8	402.6	419.0	461.0	499.0	554.0	644.8	738.0	796.0	908.6	1 046.3
重庆	378.4	394.2	419.6	443.0	502.0	561.8	574.8	701.8	825.2	895.6	1 055.4	1 296.1
四川	380.8	397.4	421.6	446.0	503.8	560.6	600.4	709.4	824.2	892.4	1 017.4	1 225.7
贵州	274.8	282.4	298.0	313.0	344.4	375.4	397.0	474.8	559.4	601.0	694.4	829.1
云南	295.8	306.8	321.8	339.4	372.8	408.4	450.0	526.8	620.6	673.8	790.4	944.4
西藏	266.2	280.8	292.4	338.2	372.2	415.6	487.0	557.6	635.2	706.4	827.8	980.9
陕西	288.8	298.2	319.2	335.2	373.4	410.6	452.0	529.0	627.2	687.6	821.0	1 005.6
甘肃	285.8	301.8	318.0	334.6	370.4	396.0	426.8	465.8	544.8	596.0	685.0	781.9
青海	298.0	311.4	333.8	358.8	391.6	430.2	471.6	536.8	612.2	669.2	772.6	921.7
宁夏	344.8	364.6	383.4	408.6	464.0	501.8	552.0	636.2	736.2	809.6	935.0	1 082.0
新疆	323.6	342.0	372.6	421.2	449.0	496.4	547.4	636.6	700.6	776.6	928.6	1 088.4

资料来源：2000—2011 年《中国统计年鉴》。

注：按人均家庭养老保障水平=20%×家庭人均纯收入公式计算而得

2000—2011 年土地养老保障水平分析见表 5-8。

表 5-8　　**2000—2011 年土地养老保障水平分析**　　单位：元/年

年份	社会养老保险给付标准（SW）	家庭养老水平（HW）	土地养老保障水平（DW）	SW+HW 保障水平	SW+HW+DW 保障水平
2000	113.03	450.6	231.8	563.63	795.43
2001	113.03	473.2	239.36	586.23	825.59
2002	113.03	495.2	241.15	608.23	849.38
2003	113.03	524.4	254.07	637.43	891.5
2004	113.03	587.2	297.08	700.23	997.31
2005	113.03	651	312.29	764.03	1 076.32
2006	113.03	717.4	323.26	830.43	1 153.69
2007	113.03	828	370.86	941.03	1 311.89
2008	113.03	952.2	413.53	1 065.23	1 478.76
2009	727.74	1 030.6	422.45	1 758.34	2 180.79
2010	949.29	1 183.8	474.13	2 133.09	2 607.22
2011	949.29	1 395.5	535.5	2 344.79	2 880.29

由图 5-3 可知，在没有加入土地养老保障时，农村养老保险体系的保障水平在 2009 年之前一直处于农村适度养老保障水平下限之下，虽然在 2009 年后，国家出台了“新农保”，社会保险给付水平大幅度提高，农村养老保险体系总体的保障水平进入了适度区间，但保障水平仍然很低，老年农民养老水平只能满足其温饱。但农村养老保险体系中加入土地养老保障后，养老保障的总体水平一直处于农村适度养老保障水平下限之上，在国家提高社会养老保险的给付标准后，农村养老保险体系的总体保障水平大幅度超越适度下限，老年农民的养老水平得到了质的提高。因此，从绝对水平上分析，土地养老保障对提高农村养老的总体保障水平贡献非常大，土地养老保障在农民养老中仍然发挥着重要的作用。

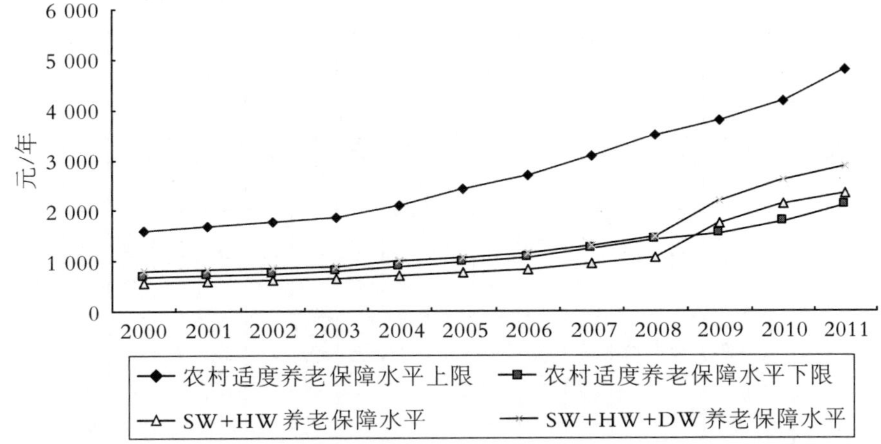

图 5-3 2000—2011 年全国农村土地养老保障水平贡献绝对分析

5.3.1.2 农村土地养老保障水平贡献的相对分析

根据农村土地养老保障水平分析数理模型，我们计算出土地养老保障水平贡献指数，见表 5-9。

从整体上看，中国土地养老保障水平贡献指数呈现两种趋势，2000—2008 年土地养老保障水平贡献指数基本保持平稳；但从 2009 年开始，土地养老保障水平贡献指数下降非常快，土地养老保障占农民养老总收入的比重迅速下降，土地养老保障功能有限，社会养老保险的支柱作用开始显现。2000—2011 年全国农村土地养老保障水平贡献指数如图 5-4 所示。

对土地养老保障水平贡献指数地区的横向分析，剔除了个别年份偶然因素的影响，上海和北京的土地养老保障水平贡献最低，成为年平均土地养老保障水平贡献指数最低的两个直辖市省份，仅为 0.157 和 0.078，土地养老保障功能非常有限；新疆、内蒙古、云南等地由于土地分布数量广、土地相对肥沃、经济发展水平低、社会养老保险的覆盖面和缴费率低等原因，年平均土地养老保障水平贡献指数高达 0.448、0.416、0.407。由此可见，积极稳妥地推动中西部地区的社会养老保险的发展，减少农民对土地的依赖，是建设新型农村养老保险体系的关键。2000—2011 年各地区平均农村土地养老保障水平贡献指数如图 5-5 所示。

表 5-9　2000—2011 年各地区土地养老保障水平贡献指数

地区	2000年	2001年	2002年	2003年	2004年	2005年	2006年	2007年	2008年	2009年	2010年	2011年
全国	0.298	0.296	0.290	0.291	0.303	0.295	0.284	0.286	0.283	0.195	0.190	0.190
北京	0.213	0.185	0.183	0.186	0.187	0.178	0.176	0.182	0.150	0.088	0.090	0.070
天津	0.302	0.299	0.294	0.291	0.297	0.293	0.278	0.274	0.261	0.217	0.207	0.198
河北	0.314	0.318	0.322	0.321	0.331	0.324	0.313	0.311	0.305	0.211	0.204	0.216
辽宁	0.313	0.328	0.326	0.324	0.335	0.332	0.316	0.321	0.316	0.233	0.231	0.263
上海	0.128	0.127	0.113	0.098	0.098	0.078	0.071	0.064	0.054	0.034	0.030	0.043
江苏	0.294	0.286	0.277	0.267	0.269	0.261	0.257	0.258	0.256	0.196	0.188	0.196
浙江	0.279	0.274	0.276	0.275	0.274	0.272	0.274	0.276	0.270	0.214	0.210	0.232
福建	0.322	0.317	0.316	0.314	0.316	0.315	0.309	0.311	0.311	0.237	0.226	0.248
山东	0.338	0.332	0.333	0.331	0.340	0.329	0.322	0.321	0.316	0.236	0.228	0.246
广东	0.317	0.306	0.288	0.271	0.263	0.243	0.226	0.224	0.218	0.156	0.148	0.161
海南	0.405	0.386	0.391	0.398	0.396	0.392	0.389	0.391	0.388	0.283	0.265	0.272
山西	0.309	0.299	0.304	0.312	0.318	0.307	0.298	0.300	0.293	0.191	0.178	0.185
吉林	0.381	0.384	0.390	0.387	0.387	0.380	0.372	0.367	0.371	0.272	0.272	0.305
黑龙江	0.382	0.385	0.383	0.384	0.390	0.379	0.374	0.371	0.362	0.266	0.266	0.297
安徽	0.339	0.335	0.317	0.306	0.323	0.315	0.310	0.301	0.302	0.210	0.209	0.229
江西	0.326	0.323	0.318	0.306	0.328	0.321	0.312	0.319	0.320	0.229	0.218	0.243

续表

地 区	2000年	2001年	2002年	2003年	2004年	2005年	2006年	2007年	2008年	2009年	2010年	2011年
河 南	0.356	0.357	0.346	0.344	0.351	0.353	0.350	0.346	0.343	0.249	0.242	0.257
湖 北	0.360	0.361	0.361	0.359	0.368	0.354	0.339	0.337	0.334	0.240	0.236	0.259
湖 南	0.322	0.321	0.317	0.312	0.318	0.313	0.301	0.300	0.296	0.203	0.194	0.208
内蒙古	0.442	0.440	0.441	0.434	0.428	0.416	0.408	0.403	0.398	0.388	0.388	0.403
广 西	0.399	0.389	0.375	0.360	0.362	0.367	0.371	0.369	0.362	0.349	0.346	0.379
重 庆	0.369	0.355	0.346	0.339	0.351	0.344	0.310	0.309	0.319	0.311	0.296	0.311
四 川	0.375	0.372	0.369	0.366	0.373	0.365	0.336	0.334	0.324	0.308	0.298	0.324
贵 州	0.417	0.407	0.391	0.376	0.383	0.370	0.349	0.347	0.341	0.329	0.320	0.337
云 南	0.419	0.415	0.414	0.412	0.416	0.417	0.410	0.409	0.399	0.393	0.378	0.400
西 藏	0.402	0.424	NA	NA	0.362	0.353	0.357	0.365	0.357	0.346	0.348	0.405
陕 西	0.374	0.362	0.351	0.344	0.345	0.343	0.340	0.327	0.310	0.304	0.305	0.299
甘 肃	0.404	0.392	0.390	0.388	0.388	0.379	0.367	0.369	0.351	0.337	0.341	0.337
青 海	0.418	0.407	0.399	0.390	0.395	0.377	0.358	0.345	0.334	0.322	0.328	0.325
宁 夏	0.383	0.382	0.378	0.370	0.383	0.373	0.365	0.359	0.346	0.333	0.331	0.349
新 疆	0.462	0.463	0.467	0.460	0.456	0.452	0.448	0.441	0.431	0.431	0.429	0.431

注：根据公式（5.1）计算而得。

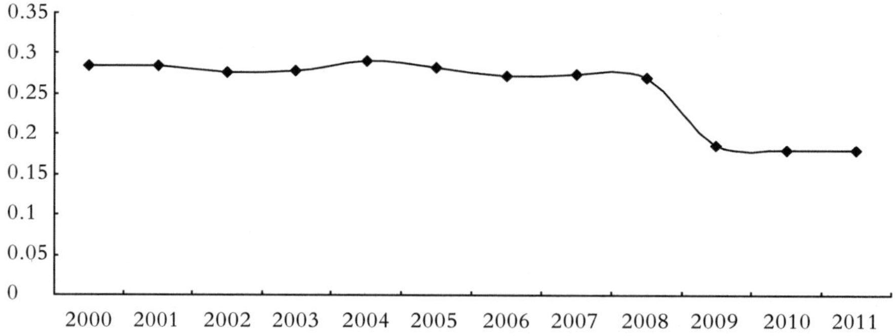

图 5-4 2000—2011 年全国农村土地养老保障水平贡献指数

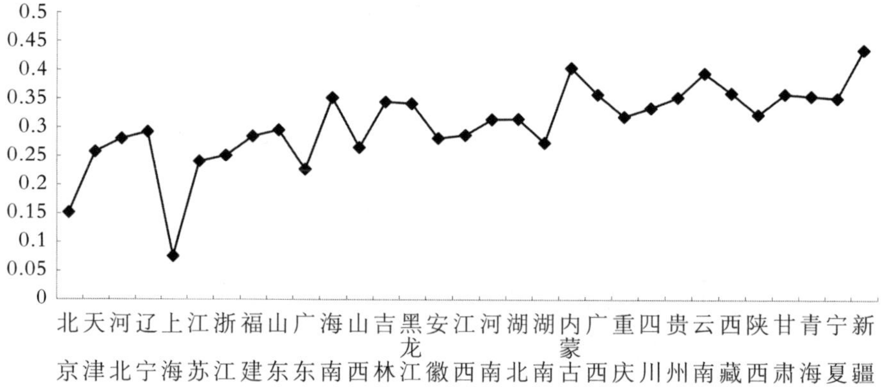

图 5-5 2000—2011 年各地区平均农村土地养老保障水平贡献指数

5.3.2 农村土地养老保障的适度贡献分析

同样，对农村土地养老保障适度贡献分析也采用绝对分析和相对分析两种方法，从“量”和“度”两个方面加以分析。

5.3.2.1 农村土地养老保障适度贡献的绝对分析

依据农村土地养老保障适度贡献绝对分析的数理模型，计算出各地区土地养老保障的缺口，见表 5-10。从整体上看，中国土地养老保障缺口呈现逐年扩大的趋势，2000—2003 年土地养老缺口基本保持平稳，增长速度缓慢；但从 2004 年开始，土地养老保障缺口逐年扩大，而且加速递增，土地收入增长幅度远低于农民基本养老需求的增加幅度，土地养老保障功能弱化的趋势非常明显。2000—2011 年全国土地养老保障缺口如图 5-6 所示。

表 5-10

2000—2011 年各地区土地养老保障缺口

单位：元/年

地区	2000年	2001年	2002年	2003年	2004年	2005年	2006年	2007年	2008年	2009年	2010年	2011年
全国	444.2	470.54	501.55	532.63	583.82	664.21	752.84	871.24	1 014.67	1 123.55	1 301.57	1 557.7
北京	1 106.42	1 258.22	1 356.21	1 402.97	1 544.89	1 863.9	2 108.39	2 391.17	2 804.84	3 206.07	3 631.26	4 131.06
天津	731.61	806.9	888.14	956.06	1 041.59	1 171.86	1 350.75	1 537.54	1 780.96	1 926.94	2 277.47	2 865.95
河北	472.55	494.01	504.6	541.29	590.26	664.12	750.35	857.69	976.62	1 078.25	1 265.29	1 497.12
辽宁	447.87	470.75	513.45	553.26	611.3	693.36	804.22	936.24	1 112.32	1 210.46	1 405.79	1 581.41
上海	1 500.19	1 576.42	1 696.89	1 840.65	1 956.49	2 325.97	2 594.76	2 899.11	3 296.1	3 632.06	4 080.56	4 629.74
江苏	739.77	794.34	851.77	928.61	1 040.09	1 176.39	1 309.65	1 477.64	1 669.06	1 839.04	2 120.52	2 499.87
浙江	909.32	992.2	1 067.94	1 170.66	1 298.7	1 464.62	1 610.5	1 814.16	2 057.66	2 262.06	2 567.15	2 862.52
福建	616.35	656.14	689.72	734.72	804.77	882.69	975.67	1 102.05	1 257.21	1 367.24	1 547.67	1 763.41
山东	477.14	515.21	541.96	586.61	641.65	747.4	849.59	979.01	1 125.66	1 237.2	1 436.01	1 666.41
广东	713.16	756.9	818.09	879.59	964.49	1 075.81	1 199.84	1 335.51	1 536.97	1 686.41	1 945.5	2 280.67
海南	291.75	327.47	353.85	370.52	413.5	452.61	501.12	588.51	698.2	768.16	901.11	1 120.56
山西	358.56	379.4	415.4	437.99	490.66	568	643.84	743.97	849.46	906	1 033.09	1 225.44
吉林	298.67	323.41	334.36	378.3	461.3	521.05	603.34	715.95	839.96	922.54	1 089.84	1 201.12
黑龙江	319.59	339.21	362.9	379.76	456.2	514.2	583.32	694.85	851.5	925.77	1 109.25	1 260.6
安徽	332.2	353.97	394.54	408.7	465.05	505.64	581.3	718.61	856.31	923.11	1 083.46	1 235.17

续表

地 区	2000年	2001年	2002年	2003年	2004年	2005年	2006年	2007年	2008年	2009年	2010年	2011年
江 西	388.15	410.67	432.65	477.84	516.61	597.21	681.32	790.1	920.87	1 008.89	1 178.36	1 340.54
河 南	322.85	343.16	379.31	386.16	437.59	495.06	575.19	696.92	820.14	889.17	1 037.45	1 215.99
湖 北	371.2	385.15	402.12	428.51	474.51	537.95	625.02	744.02	882.22	969.57	1 130.9	1 276.56
湖 南	404.95	427.57	451.86	487.05	542.32	607.62	683.49	795.6	933.59	1 041.11	1 215.27	1 391.04
内蒙古	288.07	281.75	296.64	332.44	392.17	471.49	542.54	653.16	781.5	854.42	957.01	1 096.17
广 西	311.41	335.31	362.19	393.16	430.44	458.55	504.91	589.8	688.05	768.04	882.96	930.2
重 庆	346.7	374.01	407.24	437.66	481.74	548.06	603.91	739.15	852.21	939.54	1 138.45	1 360.15
四 川	342.66	360.44	385.59	411.45	455.86	519.07	597.25	707.64	842	942.07	1 093.24	1 251.67
贵 州	215.42	229.49	255.54	280.49	303.15	342.52	382.47	459.75	549.89	607.5	715.41	822.85
云 南	230.25	242.5	255.01	271.31	294.1	319.89	362.94	424.91	518.34	574.96	705.56	786.32
西 藏	220.49	214.86	NA	NA	347.39	396.45	460.62	516.47	599.74	685.29	800.02	803.41
陕 西	260.86	278.26	306.56	326.75	363.44	401.81	444.99	536.06	658.7	731.04	871.52	1 079.79
甘 肃	235.01	258.37	273.95	289.82	320.67	352.39	393.06	425.85	521.94	591.19	672.52	776.06
青 海	232.9	253.85	279.27	308.7	332.09	385.3	444.64	522.69	611.76	685.26	781.4	938.59
宁 夏	302.89	321.22	342.3	372.87	408.06	453.92	510.1	598.15	715.74	810.54	939.25	1 042.87
新 疆	207.87	218.15	232.17	273.2	296.74	335.11	376.86	452.76	519.22	577.76	694.74	806.61

数据来源：表 4-13 和表 5-4。

注：计算公式为公式（5.2）。

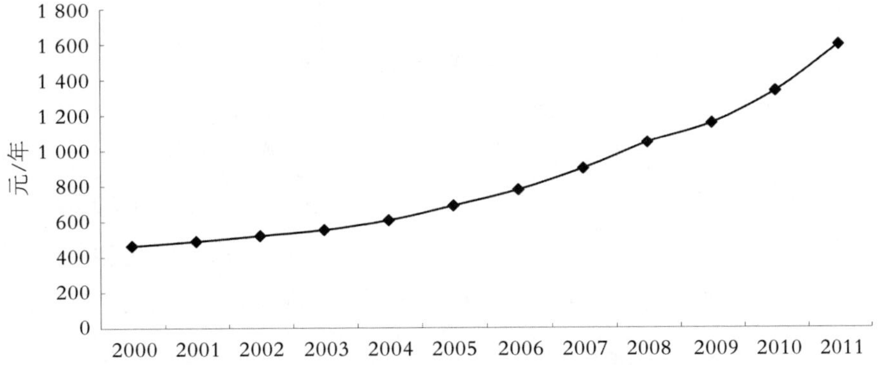

图 5-6　2000—2011 年全国土地养老保障缺口

农村适度养老保障水平下限与土地养老保障水平之间的差距反映了各地区土地养老保障功能的强弱程度，2000—2010 年各地区土地养老和适度水平均值之间的水平对比能够测量各地区阶段性的土地养老保障功能。从图中看，上海的土地养老保障平均值与适度下限平均值差距最高，其次是北京、浙江、广东，土地养老保障在这些地区的农村居民的养老保障中发挥的作用有限，需要建立更加完善的农村养老保险制度和相关补充养老机制；黑龙江、新疆、海南、甘肃的土地养老保障缺口较低，土地养老保障功能较强。2000—2011 年各地区土地养老保障缺口如图 5-7 所示。

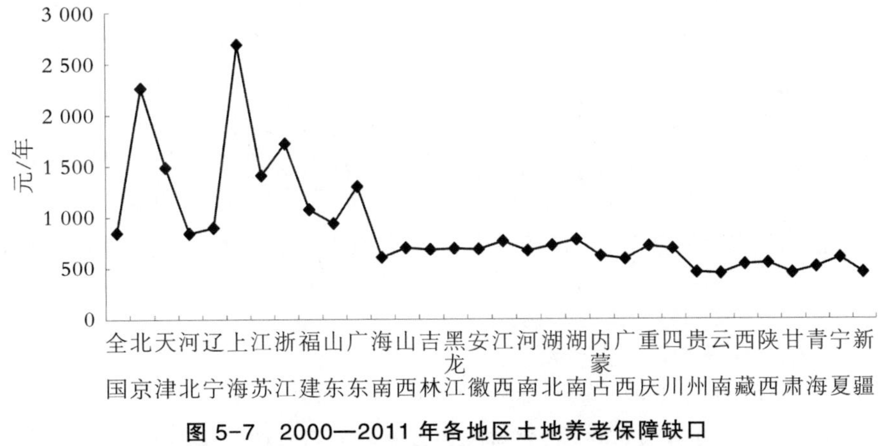

图 5-7　2000—2011 年各地区土地养老保障缺口

5.3.2.2　农村土地养老保障适度贡献的相对分析

依据农村土地养老保障适度贡献相对分析的数理模型，计算出全国及各地区土地养老保障的适度贡献指数，见表 5-11。从整体上看，土地养老保障适度贡献指数呈现逐年下降的趋势，2000—2002 年土地养老保障适度贡献指数基本保持平稳，略有下降；2003—2004 年，土地养老保障适度贡献指数突然上升，在 2004 年达到峰值，这段时间的土地收入增长非常快，得益于土地制度的改革进一步深化；之后土地养老保障适度贡献指数逐年下降，土地养老保障功能弱化非常明显。2000—2011 年全国土地养老保障适度贡献指数如图 5-8 所示。

各地区年平均土地养老保障适度贡献指数清晰地反映了各地区土地养老保障对农村适度保障的贡献程度，剔除个别年份偶然因素的影响。上海和北京的土地养老保障适度贡献程度最低，而且下降非常快，成为年平均土地养老保障适度贡献指数最低的两个直辖市省份，仅为 0.063 和 0.14，地区的土地养老保障功能非常有限；新疆、海南、内蒙古、吉林、黑龙江等地由于土地分布数量广、土地相对肥沃、养老基本需求支出少等原因，年平均土地养老保障适度贡献指数高达 0.541、0.488、0.476、0.466 和 0.461。由于各地土地养老保障对适度保障水平的贡献程度的千差万别，在建设农村养老保险体系进程中，应设定地区差别化的养老保障体系优化战略。2000—2011 年各地区年平均土地养老保障适度贡献指数如图 5-9 所示。

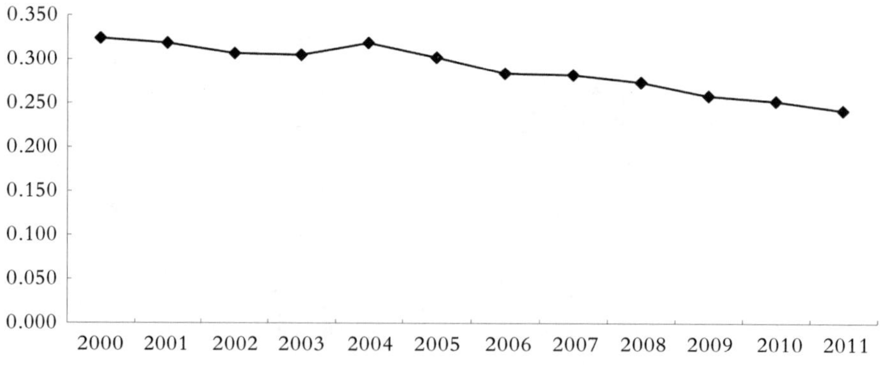

图 5-8　2000—2011 年全国土地养老保障适度贡献指数

表 5-11　**2000—2011 年各地区土地养老保障适度贡献指数**

地　区	2000年	2001年	2002年	2003年	2004年	2005年	2006年	2007年	2008年	2009年	2010年	2011年
全　国	0.343	0.337	0.325	0.323	0.337	0.320	0.300	0.299	0.290	0.273	0.267	0.256
北　京	0.199	0.165	0.163	0.165	0.165	0.154	0.151	0.156	0.123	0.084	0.087	0.066
天　津	0.327	0.319	0.308	0.302	0.308	0.300	0.277	0.269	0.250	0.261	0.246	0.225
河　北	0.365	0.368	0.374	0.368	0.380	0.364	0.342	0.334	0.321	0.302	0.292	0.299
辽　宁	0.366	0.387	0.378	0.372	0.384	0.374	0.345	0.346	0.335	0.323	0.322	0.365
上　海	0.106	0.105	0.091	0.078	0.077	0.060	0.054	0.047	0.040	0.030	0.027	0.039
江　苏	0.314	0.300	0.287	0.270	0.271	0.257	0.249	0.249	0.244	0.234	0.225	0.229
浙　江	0.287	0.278	0.279	0.276	0.272	0.267	0.268	0.268	0.259	0.247	0.243	0.270
福　建	0.364	0.353	0.350	0.344	0.344	0.339	0.327	0.328	0.324	0.318	0.305	0.330
山　东	0.402	0.388	0.387	0.379	0.390	0.366	0.352	0.345	0.335	0.326	0.315	0.334
广　东	0.349	0.331	0.303	0.277	0.264	0.235	0.213	0.208	0.199	0.186	0.178	0.189
海　南	0.554	0.510	0.513	0.523	0.511	0.498	0.487	0.483	0.470	0.460	0.431	0.421
山　西	0.373	0.353	0.356	0.365	0.368	0.345	0.325	0.323	0.309	0.288	0.273	0.271
吉　林	0.508	0.506	0.516	0.502	0.487	0.468	0.448	0.431	0.432	0.416	0.418	0.467
黑龙江	0.504	0.504	0.497	0.495	0.494	0.468	0.453	0.440	0.415	0.407	0.405	0.446
安　徽	0.428	0.416	0.379	0.360	0.380	0.362	0.347	0.326	0.321	0.317	0.317	0.339
江　西	0.394	0.387	0.375	0.352	0.382	0.364	0.344	0.349	0.347	0.337	0.321	0.352

续表

地　区	2000年	2001年	2002年	2003年	2004年	2005年	2006年	2007年	2008年	2009年	2010年	2011年
河　南	0.458	0.455	0.429	0.424	0.429	0.425	0.412	0.397	0.386	0.383	0.374	0.386
湖　北	0.455	0.454	0.452	0.443	0.453	0.421	0.391	0.380	0.368	0.358	0.354	0.383
湖　南	0.386	0.380	0.372	0.359	0.363	0.350	0.328	0.321	0.310	0.293	0.279	0.294
地　区	2000	2001	2002	2003	2004	2005	2006	2007	2008	2009	2010	2011
内蒙古	0.529	0.524	0.526	0.511	0.498	0.474	0.459	0.449	0.441	0.423	0.423	0.450
广　西	0.443	0.425	0.400	0.374	0.378	0.387	0.392	0.390	0.379	0.357	0.352	0.407
重　庆	0.389	0.368	0.353	0.341	0.360	0.350	0.299	0.298	0.312	0.301	0.281	0.300
四　川	0.400	0.395	0.390	0.385	0.397	0.383	0.337	0.335	0.319	0.296	0.284	0.319
贵　州	0.477	0.458	0.428	0.402	0.413	0.392	0.358	0.354	0.345	0.326	0.313	0.338
云　南	0.481	0.473	0.472	0.467	0.474	0.478	0.462	0.462	0.443	0.431	0.405	0.445
西　藏	0.448	0.490	NA	NA	0.378	0.364	0.369	0.383	0.370	0.353	0.356	0.454
陕　西	0.398	0.378	0.360	0.350	0.351	0.347	0.344	0.324	0.300	0.291	0.292	0.284
甘　肃	0.452	0.429	0.426	0.423	0.423	0.407	0.386	0.391	0.361	0.339	0.345	0.338
青　海	0.479	0.457	0.442	0.426	0.435	0.403	0.372	0.351	0.334	0.317	0.326	0.321
宁　夏	0.414	0.413	0.405	0.392	0.414	0.397	0.384	0.373	0.352	0.333	0.330	0.357
新　疆	0.572	0.575	0.585	0.568	0.559	0.550	0.541	0.526	0.506	0.504	0.501	0.506

数据来源：表 5-10。

注：根据公式（5.3）计算而得。

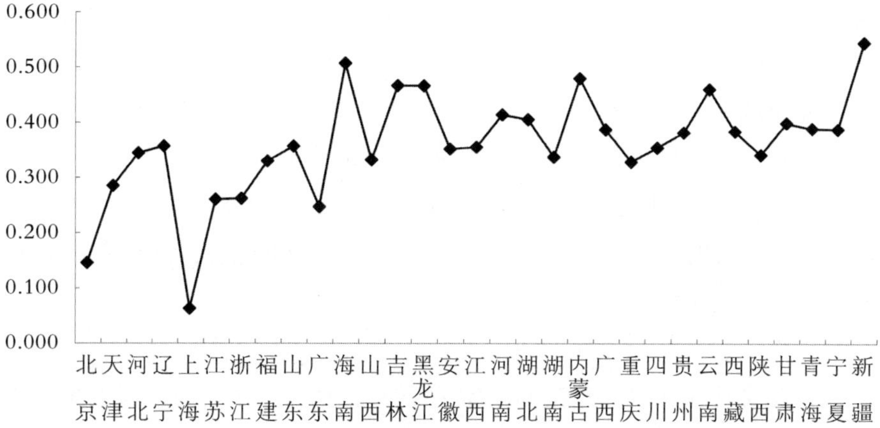

图 5-9 2000—2011 年各地区年平均土地养老保障适度贡献指数

从“量”上分析，无论从绝对水平还是相对水平来看，单独依靠土地养老保障来解决农民养老问题是无法实现的，在对各地区的横向分析中，由于土地资源禀赋、经济发展水平、农民的养老保障需求等诸多因素的差异，各地区的土地养老保障功能的差距较大，越发达地区，土地养老保障功能越差。从“度”上分析，无论是缺口还是土地养老保障适度贡献指数来看，土地养老保障对农村养老保障水平进入适度区间的贡献都是越来越小，土地养老保障功能弱化加剧。

造成当前土地养老保障功能弱化的原因有很多。首先，随着人口增长和经济用地需求的不断增加，农地的数量变得稀缺，资源禀赋不足；其次，农产品价格较低及农资产品价格的大幅度上涨，造成土地收入下降；再次，土地流转的征地补偿费用不合理，农民无法获得合理的补偿收入；最后，农民养老需求不断增加也是造成土地养老保障弱化的原因。

但土地养老保障在农村养老保障中仍占有重要的地位，是其他保障形式所无法替代的。土地的收入是农民最基本、最可靠的收入来源，土地养老保障是农民养老的最后一道防线。土地养老保障是农民养老保障资金的主要来源，对于大多数农村老人的养老，如果有劳动能力，可以通过农业生产来获得养老所需的收入；如果丧失了劳动能力，可以把自己的土地交由自己的儿女使用，由子女来负责老人的养老；如果没有子女，可以转租给其他人，土地的租金作为自己的养老资金；随着经济的发展和政策的鼓励，农村大量的土地进行了流转，农民还可以从土地的征地补偿款中预留养老的储备基金或选择交纳养老保险，由土地换保障。此外，农民也会在年轻时从土地收益中预留一部分储蓄以备养老之用。因此，在目前我国新型农村养老保险无法在未来几年内实现全覆盖，社会养老的保障水平还较低的情况下，土地养老保障对于农民养老的补充具有现实意义。

总之，如何充分发挥土地作为农民养老“最后一道防线”的保障功能，需要农村养老保障政策的制定者正视土地养老保障功能弱化的现状及各地区间土地养老保障功能存在的差异，因地制宜地制定出科学的、合理的、与各地区土地养老保障情况相适应的农村养老保障政策。

第6章　农村养老保险体系中土地养老保障预测分析

随着农村老龄化的加剧、城镇化建设的推进、农村经济结构转型和产业结构的升级，未来农村土地养老保障功能会发生巨大的变化。预测农村未来土地养老保障，对于制定和完善未来农村养老保障制度有着非常重要的现实意义。本章试图对未来农村土地养老保障进行预测和分析。首先，在确定未来农村养老保障水平适度区间的基础上，对土地养老保障水平模型相关参数进行科学合理的假定，确定未来农村土地养老保障水平；其次，在基于对新型农村养老保险给付标准变动和家庭养老水平变动分析的基础上，对未来土地养老保障在农村养老保险体系中的贡献进行实证检验。

6.1　农村适度养老保障水平预测分析

按以收定支的思路，要想对未来农村土地养老保障贡献有个清晰的度量，需要预测未来农民适度的养老保障区间。

6.1.1 参数假定

根据农村适度养老保障水平上下限的数理模型：$S_{-}=RAHR\times R$ 和 $S^{-}=FCS-\eta\times HCS$ 可知，要想确定适度保障区间，关键是确定参数 $RAHR$、R、FCS、HCS 和 η。

6.1.1.1 农村人均家庭纯收入

大量学者对我国未来农业劳动收入增长率进行了预测，其中最为普遍也是最被大家接受的是采用分段趋势目标法预测，其认为 2012—2020 年平均增长率为 9.5%，2021—2030 年平均增长率为 8.5%；2031—2050 年平均增长率为 7%。但考虑到农村家庭人均纯收入相对于劳动人均纯收入增长缓慢，这主要是由农民家庭负担对劳动收入的稀释所造成的。因此对农村人均家庭纯收入增长率的预测也采用分段趋势目标法预测：假定 2010—2020 年平均增长率为 8%，2021—2030 年平均增长率为 6%，2030—2050 年平均增长率为 4%。

6.1.1.2 农村居民基本支出比重

根据上文可知，我们对农村适度保障水平下限的确定是根据 ELES 模型来确定的农民基本消费支出和基本消费支出占比，从而推导出农村家庭的基本支出水平，即农村适度保障水平的下限。2001—2010 年的统计结果显示，每隔 5 年农民基本人均消费支出比重 R 大约降低 1%（见表 6-1）。

表 6-1 **2001—2010 年农民基本人均消费性支出比重**

2001年		2002年		2003年		2004年		2005年	
Cc（元）	R（%）	Cc（元）	R（%）	Cc（元）	R（%）	Cc（元）	R（%）	Cc（元）	R（%）
745.62	31.51	783.45	31.65	809.34	30.86	901.72	30.71	1 013.28	31.13
R的平均值（%）				31.17					
2006年		2007年		2008年		2009年		2010年	
Cc（元）	R（%）	Cc（元）	R（%）	Cc（元）	R（%）	Cc（元）	R（%）	Cc（元）	R（%）
1 098.22	30.62	1 191.86	28.79	1 456.14	30.59	1 649.22	31.83	1 742.31	32.04
R的平均值（%）				30.296					

同时，利用扩展性支出模型所测量的基本消费支出比重与恩格尔系数大致相同，都是测定居民最低消费需求支出比重。而随着经济和社会进步，恩格尔系数将逐步下降并最终稳定在较低水平上，即基本生活消费支出将逐步增加并最终稳定在较高水平上不变。根据世界银行的预测，到 21 世纪中叶，中国人均 GDP 将达到发达国家水平，发达国家的恩格尔系数一般维持在 20% ~ 30%。因此我们可以大胆地预测，到 2050 年基本生活支出比重将占人均家庭收入的 20%左右。过去统计的结果显示，每隔 5 年，基本生活支出比重将下降 1%，因此推算出，到 2050 年，农村基本生活支出占人均收入的 22%。这一结果与世界银行的预测相差不多，因此这里我们采用这种趋势。

6.1.1.3 农民日常生活消费支出

由于农民消费支出与农民人均家庭收入有极强的相关性，我们在适度下限的预测时，采用了 2011—2020 年人均家庭收入平均增长速度为 8%，2021—2030 年平均增长速度为 6%，2031—2050 年平均增长速度为 4%，因此这里对农民消费支出的增长速度也采用相同的方法。即假定农民消费支出平均增长速度为 2011—2020 年 8%，2021—2030 年 6%，2031—2050 年 4%。

6.1.1.4 医疗保障支出

根据国内外对中国经济发展水平的预测，大致得出结论：到 21 世纪中叶，我国经济总量将超越美国成为全球第一经济大国，人均收入达到发达国家水平。根据世界健康组织 2012 年的报告可知，美国、日本、英国等发达国家的健康消费支出占其日常消费支出的比重大约为 20%[①]，参考发达国家的健康消费支出水平，可以预测到 21 世纪中期，我国人均健康消费支出也应占其日常消费支出的 20%左右。因此我们假定从 2012 年开始，我国人均医疗保健支出占日常消费支出从 2011 年的 8.4%每年递增 0.3%，到 2050 年人均医疗保健支出占日常消费支出的比例为 20.1%，达到发达国家医疗健康支出水平。

① 根据世界卫生组织的 2012 年报告相关数据计算而得。

6.1.1.5 “新农合”报销比例

中国共产党第十八次全国代表大会政府工作报告明确提出，当前我国面临的主要任务就是：“统筹推进城乡社会保障体系建设，提高人民健康水平”和“实现城乡一体化发展，解决好农民的养老问题是未来党和政府的主要工作重心”①。随着我国新型农村合作医疗筹资水平的逐年提高，“新农合”的报销比例有望进一步提高。这里假定“新农合”的报销比例逐年递增1%，到2030年后报销比例达到90%，之后保持不变。

6.1.2 农村适度养老保障水平预测

根据农村适度保障上下限的计算公式和参数的假定，我们测算出未来40年农村适度保障水平的上下限，见表6-2和表6-3。

表6-2 2011—2050年农村养老保障适度养老保障水平下限

年份	农民家庭人均纯收入（元/年）	农村居民基本支出比重R（%）	适度养老保障水平下限（元/年）
2011	6 977.29	29.24	2 025.10
2012	7 535.47	29	2 185.29
2013	8 138.31	29	2 360.11
2014	8 789.38	29	2 548.92
2015	9 492.53	29	2 752.83
2016	10 251.93	28	2 870.54
2017	11 072.08	28	3 100.18
2018	11 957.85	28	3 348.20
2019	12 914.48	28	3 616.05
2020	13 947.63	28	3 905.34
2021	14 784.49	27	3 991.81
2022	15 671.56	27	4 231.32
2023	16 611.86	27	4 485.20

① 中国共产党第十八次全国代表大会政府工作报告，2012。

续表

年份	农民家庭人均纯收入（元/年）	农村居民基本支出比重R（%）	适度养老保障水平下限（元/年）
2024	17 608.57	27	4 754.31
2025	18 665.08	27	5 039.57
2026	19 784.99	26	5 144.10
2027	20 972.09	26	5 452.74
2028	22 230.41	26	5 779.91
2029	23 564.24	26	6 126.70
2030	24 978.09	26	6 494.30
2031	25 977.21	25	6 494.30
2032	27 016.30	25	6 754.08
2033	28 096.95	25	7 024.24
2034	29 220.83	25	7 305.21
2035	30 389.67	25	7 597.42
2036	31 605.25	24	7 585.26
2037	32 869.46	24	7 888.67
2038	34 184.24	24	8 204.22
2039	35 551.61	24	8 532.39
2040	36 973.67	24	8 873.68
2041	38 452.62	23	8 844.10
2042	39 990.73	23	9 197.87
2043	41 590.36	23	9 565.78
2044	43 253.97	23	9 948.41
2045	44 984.13	23	10 346.35
2046	46 783.49	22	10 292.37
2047	48 654.83	22	10 704.06
2048	50 601.03	22	11 132.23
2049	52 625.07	22	11 577.52
2050	54 730.07	22	12 040.62

表 6-3　2011—2050 年农村养老保障适度养老保障水平上限

年份	农村日常生活消费支出（元/年）	医疗支出占比（%）	医疗保健支出（元/年）	“新农合”报销比例（%）	适度养老保障水平上限（元/年）
2011	5 221.13	8.4	436.75	71	4 911.04
2012	5 638.82	8.7	490.58	72	5 285.60
2013	6 089.93	9	548.09	73	5 689.82
2014	6 577.12	9.3	611.67	74	6 124.48
2015	7 103.29	9.6	681.92	75	6 591.85
2016	7 671.55	9.9	759.48	76	7 094.35
2017	8 285.28	10.2	845.1	77	7 634.55
2018	8 948.1	10.5	939.55	78	8 215.25
2019	9 663.95	10.8	1 043.71	79	8 839.42
2020	10 437.06	11.1	1 158.51	80	9 510.25
2021	11 063.29	11.4	1 261.21	81	10 041.71
2022	11 727.09	11.7	1 372.07	82	10 601.99
2023	12 430.71	12	1 491.69	83	11 192.61
2024	13 176.55	12.3	1 620.72	84	11 815.15
2025	13 967.15	12.6	1 759.86	85	12 471.27
2026	14 805.18	12.9	1 909.87	86	13 162.69
2027	15 693.49	13.2	2 071.54	87	13 891.25
2028	16 635.1	13.5	2 245.74	88	14 658.85
2029	17 633.2	13.8	2 433.38	89	15 467.49
2030	18 691.19	14.1	2 635.46	90	16 319.28

续表

年份	农村日常生活消费支出（元/年）	医疗支出占比（%）	医疗保健支出（元/年）	“新农合”报销比例（%）	适度养老保障水平上限（元/年）
2031	19 438.84	14.4	2 799.19	90	16 919.57
2032	20 216.39	14.7	2 971.81	90	17 541.76
2033	21 025.05	15	3 153.76	90	18 186.67
2034	21 866.05	15.3	3 345.51	90	18 855.09
2035	22 740.69	15.6	3 547.55	90	19 547.90
2036	23 650.32	15.9	3 760.4	90	20 265.96
2037	24 596.34	16.2	3 984.61	90	21 010.19
2038	25 580.19	16.5	4 220.73	90	21 781.53
2039	26 603.4	16.8	4 469.37	90	22 580.97
2040	27 667.53	17.1	4 731.15	90	23 409.50
2041	28 774.23	17.4	5 006.72	90	24 268.18
2042	29 925.2	17.7	5 296.76	90	25 158.12
2043	31 122.21	18	5 602	90	26 080.41
2044	32 367.1	18.3	5 923.18	90	27 036.24
2045	33 661.78	18.6	6 261.09	90	28 026.80
2046	35 008.25	18.9	6 616.56	90	29 053.35
2047	36 408.58	19.2	6 990.45	90	30 117.18
2048	37 864.93	19.5	7 383.66	90	31 219.64
2049	39 379.53	19.8	7 797.15	90	32 362.10
2050	40 954.71	20.1	8 231.9	90	33 546.00

注：根据公式（5.8）计算而得。

2011—2050 年农村适度养老保障区间如图 6-1 所示。

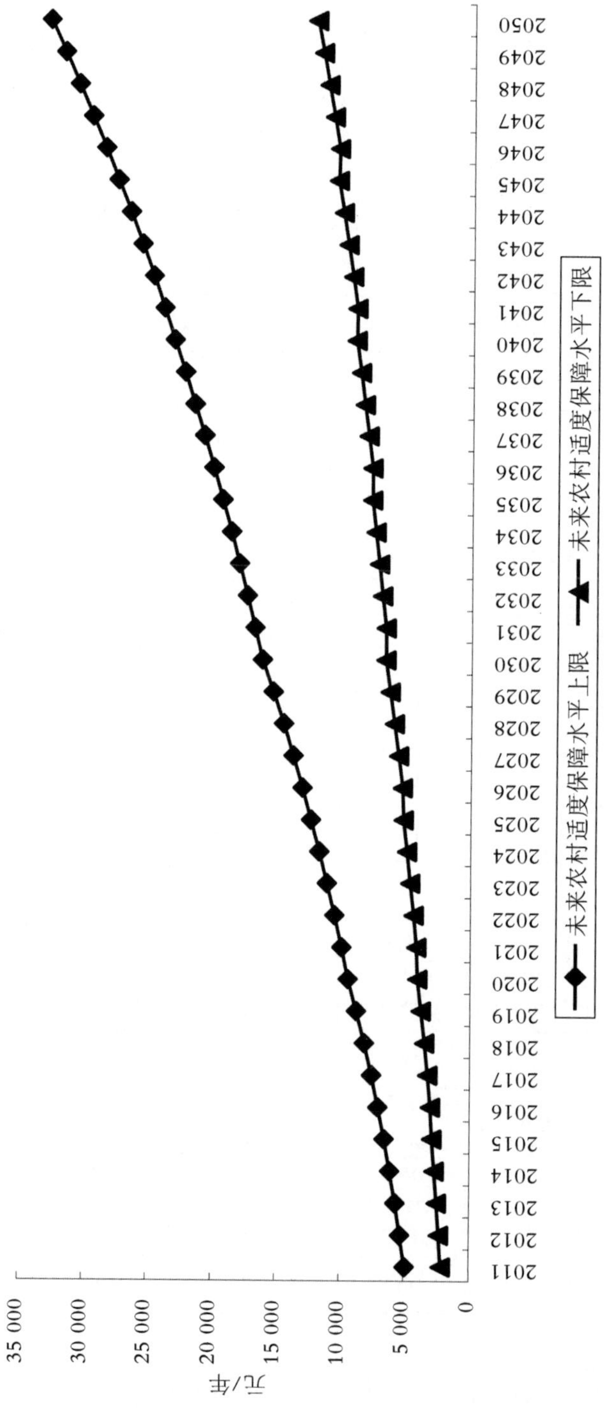

图 6-1 2011—2050 年农村适度养老保障区间

从上图可以看出适度保障水平下限增长相对缓慢，但适度保障水平的上限增长非常快。这是由于适度保障区间的下限是保障农民基本温饱的支出，接近于农村的恩格尔系数，增长相对缓慢。适度保障水平的上限标准是满足农民日常基本的生活支出，保障农民有尊严地生活，保障程度较高，因此增长速度较快。

6.2 农村土地养老保障水平预测分析

根据前文确定的农村耕种土地养老保障水平数理模型和出租土地养老保障水平数量模型可知，对未来农村土地养老保障贡献度进行预测，应当首先对影响土地养老保障水平的各个参数的变化趋势进行分析，参数的变化会直接影响预测的结果，因此我们在对未来农村土地养老保障水平预测之前，需要对参数进行假设。

6.2.1 参数假设

根据土地养老保障水平的数理模型：$DW=AW\times T\times\theta$ 和 $DR=AW\times R\times\theta$ 可知，对土地养老保障水平的变动分析，关键是确定人均农业收入 AW、耕种土地收益分配系数 T 、出租土地收益分配系数 R 和土地养老保障系数 θ 参数的变动。而人均农业收入是农业收入和农村人口的比值，因此对人均农业收入的变动进行分析，应首先预测未来农业收入和我国农村人口。

6.2.1.1 农业收入的变动

GDP 增长率是反映宏观经济发展的重要指标，用 GDP 增长率来替代农业收入增长率是可行的。根据李京文（2001）对中国经济的预测：在未来 50 年，中国经济增长速度将会逐年下降，中国经济平均增长率为 5.8%，前 30 年平均增长率大约为 5.8%，后 20 年经济平均增长率大约为 4.6%[①]，本书假定农业收入的增长速度为：2011—2020 年 8%，2021—2030 年 6%，2031—2050 年 4%，大致与农业 GDP 的增长预测相吻合。

---

① 李京文. 21 世纪中国经济发展趋势［J］. 中国宏观经济信息网，2001（8）.

6.2.1.2 农村人口变动

人口预测是依据人口的现状、人口的发展规律和当地经济发展的趋势、国家人口政策等因素，对未来人口发展进行展望。人口预测的精度除了受制于数据的选取和采用的方法之外，还受到一些不确定因素的影响。因此，我们假定未来各地区经济的发展模式不变，迁出和迁入人口处于均衡；假定未来人口的死亡模式不发生改变，城镇高于农村，女性高于男性；生育模式也不发生改变，即适龄生育女性，各年同一年龄段生育水平保持稳定；各地区城镇化建设发展速度相同，虽然各地区在城镇化推进过程中略有不同，但差异不大。根据 CPPS 人口预测软件，对未来农村人口预测需要对农村人口的总和生育率、人口预期寿命、出生性别比、城镇化水平和人口迁移模式等多个参数假定计算而得。

（1）总和生育率

根据 2010 年第六次人口普查，全国总和生育率为 1.18，其中城市为 0.88210，镇为 1.15340，乡村为 1.43755，大多低于 1.3 的超低生育率。生育年龄延迟，会造成生育率略偏低，然后再反弹恢复。现在中国育龄妇女生育年龄在缓慢地延迟，由此有人认为中国未来生育率可能上升。社会经济的发展一般会造成生育率的降低，我国城市化和工业化进程的进一步推进会加重生育率的降低趋势，因此会抵消由于这种生育延迟所造成的翘尾影响，未来假如生育政策不变的话，中国总和生育率将依旧可能处于 1.2 左右，考虑到未来的计划生育政策必然放宽，总和生育率将缓慢提升，因此假定城市总和生育率从原来的 1.3 每隔 5 年递增 0.1，到 2050 年总和生育率达到 2.1；农村总和生育率从原来的 1.8 每隔 5 年递增 0.1，到 2030 年达到 2.1，之后保持不变。

（2）人口预期寿命

以 2010 年人均预期寿命为基期，城市男性人口平均寿命为 74.75 岁，女性为 79.68 岁；农村男性人口平均寿命为 69.92 岁，女性为 74.9 岁。采用联合国每隔 5 年预期出生寿命来决定未来预测寿命的方法，假定从 2010 年开始到 2015 年，城市男性人口平均寿命增加 0.75 岁，女性人口平均寿命增加 0.7 岁，之后每隔 5 年寿命增幅都降低 0.1，到 2050 年城市男性平均寿命为 77.9 岁，女性平均寿命为 82.48 岁；农村人口平均寿命 2010—2015 年男性增加 0.9 岁，女性增加 1.1 岁，之后每隔 5 年增幅降低 0.1，到 2050 年农村男性平均寿命为 74.12 岁，农村女性平均寿命为 80.5 岁。

（3）城镇化

根据相关文献对我国城市化率进行预测的数据，认为 2050 年前后，我国城市化率将达到发达国家水平，大约为 75%左右。2012 年，我国城市化率达到 52.6%[①]，考虑未来城市化的发展速度，这里假定我国城市化率每隔 2 年递增 1%，到 2050 年达到 72.6%。

基于以上对参数的相关假设，利用 CPPS 软件预测出未来农村人口的情况，见表 6-4。得出到 2050 年全国人口总数将达到 13.65 亿，其中农村人口总数约为 3.39 亿，占人口总数的 24.8%，劳动力人口大约占其中的 47.8%；城市人口总数为 10.27 亿，占人口总数的 75.2%，劳动力人口大约占其中的 42.3%。2010—2050 年农村向城市人口迁移的总量为 2.2 亿，劳动力人口大约占 58.11%，大约为 1.28 亿。

6.2.1.3 耕种土地收益分配系数

考虑到农村土地的稀缺，土地对农业产出的作用将越来越大。参考辽宁大学人口研究所（2010）对土地养老保障水平的研究成果，“农业收入中的 30%确定为土地贡献收入，20%确定为土地的租金”[②]。设定每隔 5 年土地耕种收益分配系数上升 1%，线性调整到 2040 年，使得土地耕种收益分配系数达到 30%，之后保持不变。

6.2.1.4 出租土地收益分配系数

参考耕种土地收益分配系数的变动趋势，同时考虑到土地出租的内部和外部的时滞所造成反应的滞后性，设定土地出租收益分配系数将比耕种土地收益分配系数延迟变动 2 年，从 2018 年之后，每隔 5 年上升 1%，到 2038 年之后土地出租收益分配系数在 25%保持不变。

---

① 《2012 年国民经济和社会发展统计公报》。
② 辽宁大学人口研究所．中国农户新农保调查报告［R］．沈阳：辽宁大学，2010．

表 6-4 2011—2050 年农村人口数预测

单位：人

2011 年	2012 年	2013 年	2014 年	2015 年	2016 年	2017 年	2018 年
655 167 743	646 854 785	638 195 902	629 371 289	620 556 727	611 387 853	602 857 315	594 910 126
2019 年	2020 年	2021 年	2022 年	2023 年	2024 年	2025 年	2026 年
587 434 802	580 500 668	571 254 816	562 604 287	554 459 280	546 768 655	539 510 394	530 784 817
2027 年	2028 年	2029 年	2030 年	2031 年	2032 年	2033 年	2034 年
514 380 988	506 323 788	498 018 513	488 706 824	479 770 768	471 277 469	463 285 888	514 535 302
2035 年	2036 年	2037 年	2038 年	2039 年	2040 年	2041 年	2042 年
455 915 032	446 725 239	438 021 589	429 755 517	421 893 022	414 414 831	405 692 869	397 546 755
2043 年	2044 年	2045 年	2046 年	2047 年	2048 年	2049 年	2050 年
389 798 941	382 451 505	375 286 906	367 104 629	359 443 978	352 224 836	345 365 992	338 780 543

注：引用辽宁大学人口研究所成果，根据人口预测的参数假定，利用 CPPS 软件测算而得。

6.2.1.5 土地养老保障系数

根据第5章的分析，农民养老支出大约占农民人均收入的85%，因为老年农民的消费习惯一般比较固定，这里仍然采用这个比例，即 $\theta=85\%$，即土地收益的85%用于农民的养老保障。

6.2.2 农村人均土地养老保障水平预测

基于上文对土地养老保障水平参数的假定和农村土地养老保障水平模型（农村耕种土地养老保障水平和农村出租土地养老保障水平模型），预测未来40年农村人均土地养老保障水平见表6-5。

表6-5 **2011—2050年人均土地养老保障水平的预测**

年份	农村人口（万人）	农业收入（亿元/年）	人均农业收入（元/年）	T	R	θ	DW（元/年）	DR（元/年）
2011	65 516.77	16 752.2	2 557.44	0.25	0.2	0.85	543.46	434.77
2012	64 685.48	18 092.4	2 797.54	0.25	0.2	0.85	594.48	475.58
2013	63 819.59	19 539.8	3 062.34	0.25	0.2	0.85	650.75	520.60
2014	62 937.13	21 103	3 353.70	0.25	0.2	0.85	712.66	570.13
2015	62 055.67	22 791.2	3 673.44	0.25	0.2	0.85	780.61	624.48
2016	61 138.79	24 614.5	4 026.81	0.26	0.2	0.85	889.92	684.56
2017	60 285.73	26 583.7	4 410.50	0.26	0.2	0.85	974.72	749.78
2018	59 491.01	28 710.4	4 826.97	0.26	0.21	0.85	1 066.76	861.61
2019	58 743.48	31 007.2	5 278.93	0.26	0.21	0.85	1 166.64	942.29
2020	58 050.07	33 487.8	5 769.36	0.26	0.21	0.85	1 275.03	1 029.83
2021	57 125.48	35 497.1	6 214.50	0.27	0.21	0.85	1 426.23	1 109.29
2022	56 260.43	37 626.9	6 688.66	0.27	0.21	0.85	1 535.05	1 193.93
2023	55 445.93	39 884.5	7 194.12	0.27	0.22	0.85	1 651.05	1 345.30
2024	54 676.87	42 277.6	7 733.04	0.27	0.22	0.85	1 774.73	1 446.08
2025	53 951.04	44 814.2	8 307.29	0.27	0.22	0.85	1 906.52	1 553.46
2026	53 078.48	47 503.1	8 950.49	0.28	0.22	0.85	2 130.22	1 673.74
2027	51 438.10	50 353.3	9 639.63	0.28	0.22	0.85	2 294.23	1 802.61
2028	50 632.38	53 374.4	10 379.55	0.28	0.23	0.85	2 470.33	2 029.20

续表

年份	农村人口（万人）	农业收入（亿元/年）	人均农业收入（元/年）	T	R	θ	DW（元/年）	DR（元/年）
2029	49 801.85	56 576.9	11 177.41	0.28	0.23	0.85	2 660.22	2 185.18
2030	48 870.68	59 971.5	12 045.63	0.28	0.23	0.85	2 866.86	2 354.92
2031	47 977.08	62 370.4	12 766.16	0.29	0.23	0.85	3 146.86	2 495.78
2032	47 127.75	64 865.2	13 524.10	0.29	0.23	0.85	3 333.69	2 643.96
2033	46 328.59	67 459.8	14 318.54	0.29	0.24	0.85	3 529.52	2 920.98
2034	51 453.53	70 158.2	15 148.15	0.29	0.24	0.85	3 734.02	3 090.22
2035	45 591.50	72 964.5	16 011.33	0.29	0.24	0.85	3 946.79	3 266.31
2036	44 672.52	75 883.1	16 994.34	0.3	0.24	0.85	4 333.56	3 466.85
2037	43 802.16	78 918.4	18 025.30	0.3	0.24	0.85	4 596.45	3 677.16
2038	42 975.55	82 075.2	19 106.90	0.3	0.25	0.85	4 872.26	4 060.22
2039	42 189.30	85 358.2	20 241.50	0.3	0.25	0.85	5 161.58	4 301.32
2040	41 441.48	88 772.5	21 431.02	0.3	0.25	0.85	5 464.91	4 554.09
2041	40 569.29	92 323.4	22 767.44	0.3	0.25	0.85	5 805.70	4 838.08
2042	39 754.68	96 016.4	24 163.34	0.3	0.25	0.85	6 161.65	5 134.71
2043	38 979.89	99 857	25 625.20	0.3	0.25	0.85	6 534.43	5 445.35
2044	38 245.15	103 851	27 162.12	0.3	0.25	0.85	6 926.34	5 771.95
2045	37 528.69	108 005	28 787.89	0.3	0.25	0.85	7 340.91	6 117.43
2046	36 710.46	112 326	30 606.93	0.3	0.25	0.85	7 804.77	6 503.97
2047	35 944.40	116 819	32 509.60	0.3	0.25	0.85	8 289.95	6 908.29
2048	35 222.48	121 491	34 502.74	0.3	0.25	0.85	8 798.20	7 331.83
2049	34 536.60	126 351	36 595.57	0.3	0.25	0.85	9 331.87	7 776.56
2050	33 878.05	131 405	38 799.21	0.3	0.25	0.85	9 893.80	8 244.83

注：依据2012年《全国统计年鉴》可查得2011年人均农业收入为2 519.91元和农村人口数，两者相乘得到2011年的农业总收入，然后根据前文对公式（4. 1）和（4.2）的参数的设定计算而得。

2011—2050年农村人均土地养老保障水平趋势图如图6-2所示。

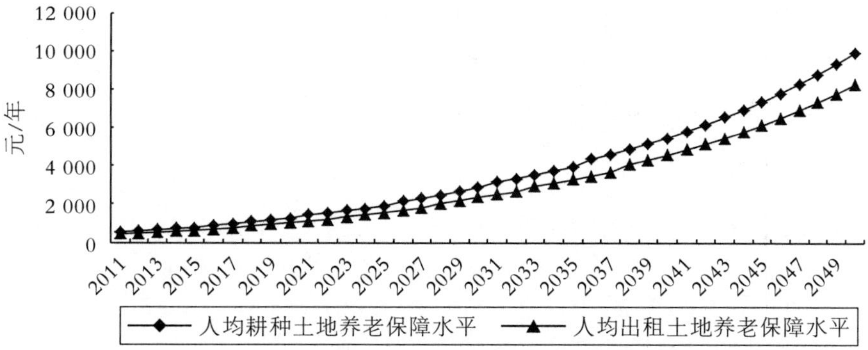

图 6-2 2011—2050 年农村人均土地养老保障水平趋势图

由上图可知，未来人均耕种土地养老保障水平和人均出租土地养老保障水平都会大幅度提高，人均耕种土地养老保障水平从 2011 年的 543.46 元上升到 2050 年的 9 893.80 元，增长了 18 倍多；人均出租土地养老保障水平从 2011 年的 434.77 元上升到 2050 年 8 244.83 元，也增长了 18 倍多。基于土地资源的稀缺性和农村人口总量和结构的变化，未来人均土地养老保障水平将大幅度提高。

6.3 农村土地养老保障贡献预测分析

6.3.1 农村土地养老保障水平贡献预测分析

由于土地资源的不断减少和不可再生的特性，未来土地将会变得更加稀缺，土地收益将不断增加。我国农村人口将经历一个缓慢增长的过程，到达高峰后滑落形成倒 U 形，这是人口学家的共识，加上城镇化建设，大量农村人口迁移到城市工作，农村人口将会大幅度减少。基于这两点原因，土地养老保障的程度会大大加强。可以从图 6-2 中明显的看出，土地养老保障水平由 2011 年的 543.46 元/年上升到 2050 年的 9 893.80 元/年，在 40 年里将近翻了 18 倍多，土地作为我国农村传统的养老方式在农村养老保险体系中占有重要的地位。同时从图 6-3 可以看到，虽然土地养老保障的绝对额增长非常快，土地养老保障水平不断接近农村适度水平的下限，土地养老保障功能大幅度增强，但无论是耕种土地所获得的养老保障水平还是出租土地所获得的养老保障水平都无法跨进农村适度养老区间，单一地依靠土地养老保障还是无法满足农民最基本的养老需求，必须依靠其他养老方式的合力，才能真正解决农民养老的后顾之忧。

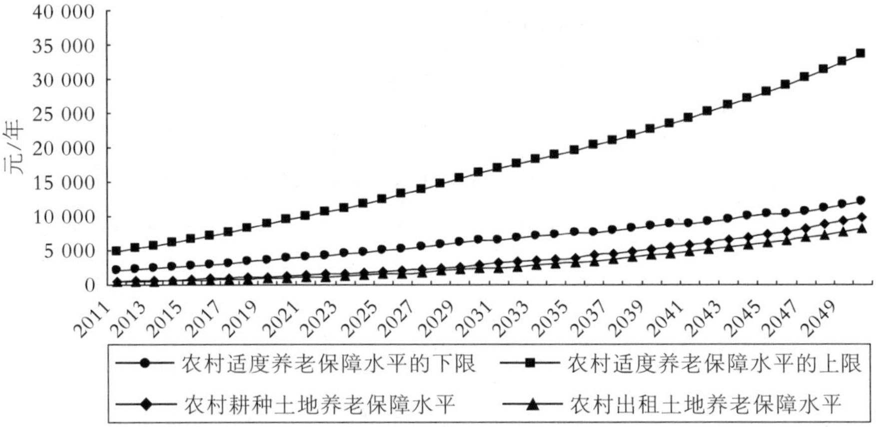

图 6-3 2011—2050 年土地养老保障水平

6.3.1.1 农村土地养老保障绝对水平贡献预测

对未来土地养老保障水平贡献分析的前提是：预测未来农村土地养老保障水平、社会养老保险的给付标准和家庭养老保障水平。对于未来农村土地养老保障水平在前文已经分析过，这里就不赘述；社会养老保险的给付标准的预测，也采用上一章的计算公式：社会保险给付标准=基础养老金×12+个人账户交纳的档×15÷139×12+地方财政补贴。基础养老金未来给付标准采用穆怀中（2012）“完善农村养老保险体系与提高社会保障水平研究”课题的研究成果，个人账户仍然按东部每人每年交纳 300 的档，中西部按每人每年交纳 100 的档，考虑到地方财政收入的水平及增长率，中西部地区地方财政补贴为 50 元/年，东部地区地方财政补贴为 100 元/年，且每年递增 5%；家庭养老保障水平的测算，采用公式：家庭养老保障水平=家庭养老支出比重×家庭人均纯收入，农村居民人均纯收入基数采用 2011 年的数据，预测农村居民人均纯收入的平均增长率为：2011—2020：8%、2021—2030：6%、2031—2050：4%，家庭养老支出比重以 20%为基数且按农村人口比重下降速度逐年下调。计算结果见表 6-6。

表 6-6 **2011—2050 年农村耕种土地养老保障水平贡献预测分析**

年份	SW（元/年）	HW（元/年）	DW（元/年）	SW+HW（元/年）	SW+HW+DW（元/年）	耕种土地养老保障水平贡献指数
2011	949.14	1 395.46	543.46	2 344.6	2 888.06	0.188
2012	1 025.13	1 511.28	594.48	2 536.41	3 130.89	0.190
2013	1 109.32	1 636.28	650.75	2 745.6	3 396.35	0.192
2014	1 202.46	1 771.03	712.66	2 973.49	3 686.15	0.193
2015	1 305.62	1 916.07	780.61	3 221.69	4 002.3	0.195
2016	1 420.02	2 075.71	889.92	3 495.73	4 385.65	0.203
2017	1 546.62	2 247.77	974.72	3 794.39	4 769.11	0.204
2018	1 687.00	2 433.04	1 066.76	4 120.04	5 186.8	0.206
2019	1 842.48	2 632.48	1 166.64	4 474.96	5 641.6	0.207
2020	2 014.77	2 846.88	1 275.03	4 861.65	6 136.68	0.208
2021	2 171.94	3 023.02	1 426.23	5 194.96	6 621.19	0.215
2022	2 343.18	3 208.54	1 535.05	5 551.72	7 086.77	0.217
2023	2 529.45	3 403.89	1 651.05	5 933.34	7 584.39	0.218
2024	2 732.33	3 609.67	1 774.73	6 342	8 116.73	0.219
2025	2 953.16	3 826.30	1 906.52	6 779.46	8 685.98	0.219
2026	3 193.63	4 057.32	2 130.22	7 250.95	9 381.17	0.227
2027	3 455.55	4 300.87	2 294.23	7 756.42	10 050.65	0.228
2028	3 740.74	4 557.59	2 470.33	8 298.33	10 768.66	0.229
2029	4 051.26	4 828.17	2 660.22	8 879.43	11 539.65	0.231
2030	4 389.42	5 113.39	2 866.86	9 502.81	12 369.67	0.232

续表

年份	SW（元/年）	HW（元/年）	DW（元/年）	SW+HW（元/年）	SW+HW+DW（元/年）	耕种土地养老保障水平贡献指数
2031	4 741.65	5 311.71	3 146.86	10 053.36	13 200.22	0.238
2032	5 123.96	5 515.36	3 333.69	10 639.32	13 973.01	0.239
2033	5 538.76	5 724.23	3 529.52	11 262.99	14 792.51	0.239
2034	5 988.95	5 938.11	3 734.02	11 927.06	15 661.08	0.238
2035	6 477.43	6 157.25	3 946.79	12 634.68	16 581.47	0.238
2036	7 007.59	6 383.02	4 333.56	13 390.61	17 724.17	0.245
2037	7 582.94	6 614.50	4 596.45	14 197.44	18 793.89	0.245
2038	8 207.46	6 851.77	4 872.26	15 059.23	19 931.49	0.244
2039	8 885.15	7 094.53	5 161.58	15 979.68	21 141.26	0.244
2040	9 620.59	7 343.48	5 464.91	16 964.07	22 428.98	0.244
2041	10 418.97	7 600.08	5 805.70	18 019.05	23 824.75	0.244
2042	11 285.37	7 863.34	6 161.65	19 148.71	25 310.36	0.243
2043	12 225.82	8 133.72	6 534.43	20 359.54	26 893.97	0.243
2044	13 246.60	8 411.50	6 926.34	21 658.1	28 584.44	0.242
2045	14 354.58	8 696.51	7 340.91	23 051.09	30 392	0.242
2046	15 557.13	8 991.24	7 804.77	24 548.37	32 353.14	0.241
2047	16 862.58	9 294.10	8 289.95	26 156.68	34 446.63	0.241
2048	18 279.59	9 605.33	8 798.20	27 884.92	36 683.12	0.240
2049	19 817.83	9 925.74	9 331.87	29 743.57	39 075.44	0.239
2050	21 487.54	10 255.06	9 893.80	31 742.6	41 636.4	0.238

农村社会养老保险、耕种土地养老保障和家庭养老保障联动，来保障老年农民的晚年生活。如图 6-4 所示，三者联合给付水平一直处于适度保障水平区间，在 2042 年超过农村养老保障适度上限。联合给付

能够满足农民基本的生活支出。而只有农村社会养老保险与家庭养老保障联动，才能保障老年农民的养老。根据图 6-4，二者联合给付虽然也超越了适度养老保障水平的下限，但保障水平相对三者联动要低，而且始终没有跨越适度保障水平的上限，农民无法实现人人享有体面的老年生活。虽然社会养老保险发挥着农村养老保障的核心作用，但土地养老保障作为农村社会养老保险的重要补充，仍然是不可替代的。

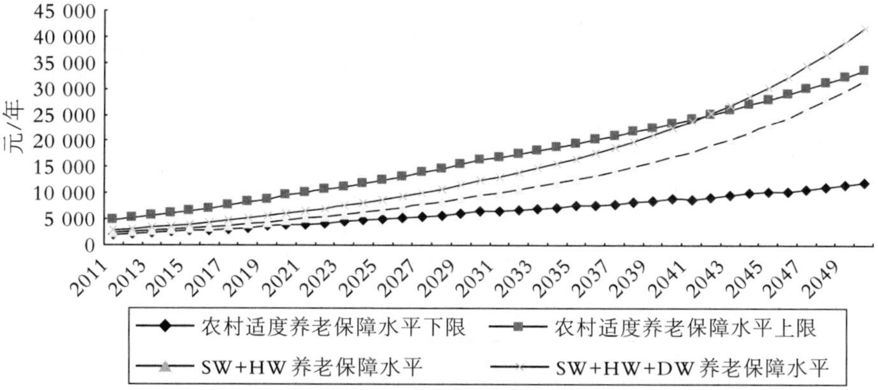

图 6-4　2011—2050 年耕种土地养老保障水平贡献绝对趋势分析

2011—2050 年农村出租土地养老保障水平贡献预测分析见表 6-7。

表 6-7　**2011—2050 年农村出租土地养老保障水平贡献预测分析**

年份	SW（元/年）	HW（元/年）	DR（元/年）	SW+HW（元/年）	SW+HW+DR（元/年）	出租土地养老保障水平贡献指数
2011	949.14	1 395.46	434.77	2 344.6	2 779.37	0.156
2012	1 025.13	1 511.28	475.58	2 536.41	3 011.99	0.158
2013	1 109.32	1 636.28	520.60	2 745.6	3 266.2	0.159
2014	1 202.46	1 771.03	570.13	2 973.49	3 543.62	0.161
2015	1 305.62	1 916.07	624.48	3 221.69	3 846.17	0.162
2016	1 420.02	2 075.71	684.56	3 495.73	4 180.29	0.164
2017	1 546.62	2 247.77	749.78	3 794.39	4 544.17	0.165
2018	1 687.00	2 433.04	861.61	4 120.04	4 981.65	0.173
2019	1 842.48	2 632.48	942.29	4 474.96	5 417.25	0.174
2020	2 014.77	2 846.88	1 029.83	4 861.65	5 891.48	0.175

续表

年份	SW（元/年）	HW（元/年）	DR（元/年）	SW+HW（元/年）	SW+HW+DR（元/年）	出租土地养老保障水平贡献指数
2021	2 171.94	3 023.02	1 109.29	5 194.96	6 304.25	0.176
2022	2 343.18	3 208.54	1 193.93	5 551.72	6 745.65	0.177
2023	2 529.45	3 403.89	1 345.30	5 933.34	7 278.64	0.185
2024	2 732.33	3 609.67	1 446.08	6 342	7 788.08	0.186
2025	2 953.16	3 826.30	1 553.46	6 779.46	8 332.92	0.186
2026	3 193.63	4 057.32	1 673.74	7 250.95	8 924.69	0.188
2027	3 455.55	4 300.87	1 802.61	7 756.42	9 559.03	0.189
2028	3 740.74	4 557.59	2 029.20	8 298.33	10 327.53	0.196
2029	4 051.26	4 828.17	2 185.18	8 879.43	11 064.61	0.197
2030	4 389.42	5 113.39	2 354.92	9 502.81	11 857.73	0.199
2031	4 741.65	5 311.71	2 495.78	10 053.36	12 549.14	0.199
2032	5 123.96	5 515.36	2 643.96	10 639.32	13 283.28	0.199
2033	5 538.76	5 724.23	2 920.98	11 262.99	14 183.97	0.206
2034	5 988.95	5 938.11	3 090.22	11 927.06	15 017.28	0.206
2035	6 477.43	6 157.25	3 266.31	12 634.68	15 900.99	0.205
2036	7 007.59	6 383.02	3 466.85	13 390.61	16 857.46	0.206
2037	7 582.94	6 614.50	3 677.16	14 197.44	17 874.6	0.206
2038	8 207.46	6 851.77	4 060.22	15 059.23	19 119.45	0.212
2039	8 885.15	7 094.53	4 301.32	15 979.68	20 281	0.212
2040	9 620.59	7 343.48	4 554.09	16 964.07	21 518.16	0.212
2041	10 418.97	7 600.08	4 838.08	18 019.05	22 857.13	0.212
2042	11 285.37	7 863.34	5 134.71	19 148.71	24 283.42	0.211
2043	12 225.82	8 133.72	5 445.35	20 359.54	25 804.89	0.211
2044	13 246.60	8 411.50	5 771.95	21 658.1	27 430.05	0.210
2045	14 354.58	8 696.51	6 117.43	23 051.09	29 168.52	0.210
2046	15 557.13	8 991.24	6 503.97	24 548.37	31 052.34	0.209
2047	16 862.58	9 294.10	6 908.29	26 156.68	33 064.97	0.209
2048	18 279.59	9 605.33	7 331.83	27 884.92	35 216.75	0.208
2049	19 817.83	9 925.74	7 776.56	29 743.57	37 520.13	0.207
2050	21 487.54	10 255.06	8 244.83	31 742.6	39 987.43	0.206

根据图 6-5，出租土地养老保障水平贡献的绝对趋势走势与耕种土地养老保障水平贡献的绝对趋势相似：没有加入出租土地养老保障的养老保障水平无法跨越适度水平的上限；加入土地养老保障的养老保障水平在 2044 年超越适度上限水平，农民可以过上体面的老年生活。

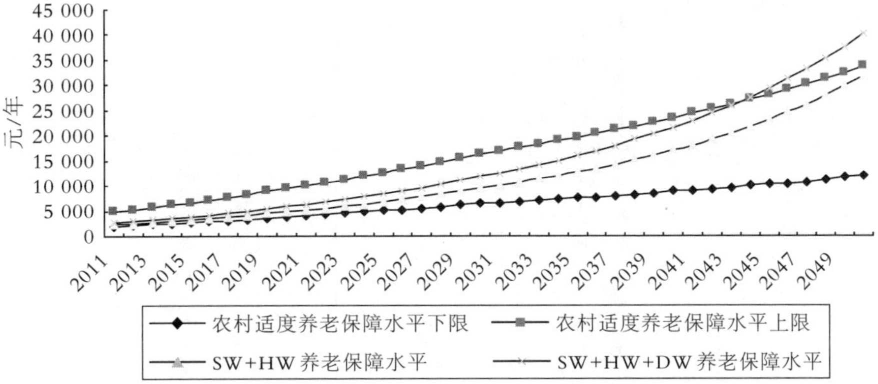

图 6-5　2011—2050 年出租土地养老保障水平贡献绝对趋势分析

6.3.1.2　土地养老保障水平贡献指数预测

随着推进城乡养老保险制度融合，实现全国统筹，形成了全国统一的国民基本养老保险制度，社会养老保险在农村养老中的核心作用得以发挥。如图 6-6 所示，土地养老保障作为农村养老保障的辅助制度，两序列的土地养老保障水平贡献指数都逐年提高，土地养老保障在农村养老保险体系中养老保障水平的贡献平稳上升，土地养老保障作用越发明显，农民依靠土地收益来实现基本养老保障成为可能。

6.3.2　农村土地养老保障适度贡献预测分析

6.3.2.1　土地养老保障缺口预测

我们测算 2011—2050 年土地养老保障缺口的趋势，试图从绝对水平角度来衡量土地养老保障对农村养老的适度贡献，2011—2050 年农村两序列土地养老保障适度贡献预测分析见表 6-8。从图 6-7 中，我们可以看出中国土地养老保障缺口发展在 2011— 2030 年左右发展相对平衡，趋势相对稳定，养老缺口在不断拉大。但从 2030 年之后，由于

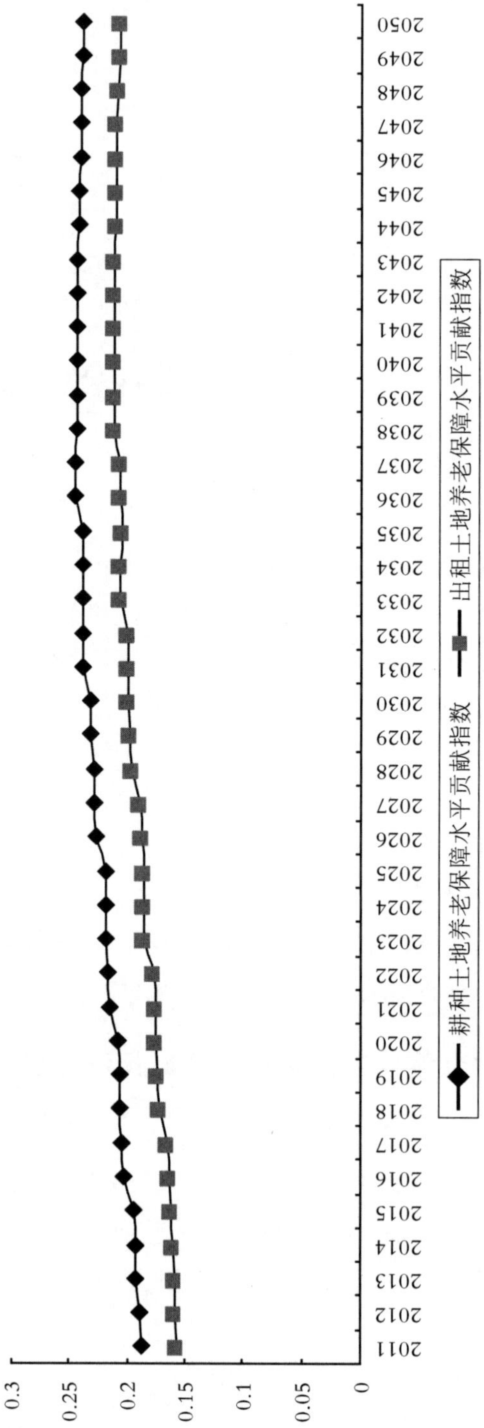

图 6-6　2011—2050 年两序列土地养老保障水平贡献指数预测

土地资源的价值逐渐显现、城市化进程的放缓、农村人口总量和结构的改变，从土地保障缺口的绝对值来看，虽然从整体上看仍然呈现拉大趋势，但这种增速每隔5年左右就会出现一定程度变缓的趋势，而且逐渐呈现拐头的迹象。在2046年以后，耕种土地养老保障缺口转头向下，养老保障缺口出现缩小的趋势，耕种土地的养老保障贡献显著增大；出租土地养老保障缺口虽然没有出现像耕种土地养老保障缺口一样反转的情况，但其基本维持不变，没有扩大。对比耕种土地养老保障缺口和出租土地养老保障缺口发现，起初两者之间的差距并不大，在2020年前后两者甚至一度非常接近；但随着土地价值的显现，两者之间的差距逐渐拉大。因此可以预见，未来大多数老年农民仍然会采用耕种土地的养老保障方式，即选择直接耕种土地或转让给子女耕种，间接获得土地收益来实现养老。

表6-8 **2011—2050年农村两序列土地养老保障适度贡献预测分析**

年份	DW（元/年）	DR（元/年）	S_-（元/年）	耕种土地养老保障缺口（元/年）	出租土地养老保障缺口（元/年）	耕种土地养老保障适度贡献指数	出租土地养老保障适度贡献指数
2011	543.46	434.77	2 025.1	1 481.64	1 590.33	0.268	0.215
2012	594.48	475.58	2 185.29	1 590.81	1 709.71	0.272	0.218
2013	650.75	520.60	2 360.11	1 709.36	1 839.51	0.276	0.221
2014	712.66	570.13	2 548.92	1 836.26	1 978.79	0.280	0.224
2015	780.61	624.48	2 752.83	1 972.22	2 128.35	0.284	0.227
2016	889.92	684.56	2 870.54	1 980.62	2 185.98	0.310	0.238
2017	974.72	749.78	3 100.18	2 125.46	2 350.4	0.314	0.242
2018	1 066.76	861.61	3 348.2	2 281.44	2 486.59	0.319	0.257
2019	1 166.64	942.29	3 616.05	2 449.41	2 673.76	0.323	0.261
2020	1 275.03	1 029.83	3 905.34	2 630.31	2 875.51	0.326	0.264
2021	1 426.23	1 109.29	3 991.81	2 565.58	2 882.52	0.357	0.278
2022	1 535.05	1 193.93	4 231.32	2 696.27	3 037.39	0.363	0.282
2023	1 651.05	1 345.30	4 485.2	2 834.15	3 139.9	0.368	0.300

续表

年份	DW（元/年）	DR（元/年）	S_（元/年）	耕种土地养老保障缺口（元/年）	出租土地养老保障缺口（元/年）	耕种土地养老保障适度贡献指数	出租土地养老保障适度贡献指数
2024	1 774.73	1 446.08	4 754.31	2 979.58	3 308.23	0.373	0.304
2025	1 906.52	1 553.46	5 039.57	3 133.05	3 486.11	0.378	0.308
2026	2 130.22	1 673.74	5 144.1	3 013.88	3 470.36	0.414	0.325
2027	2 294.23	1 802.61	5 452.74	3 158.51	3 650.13	0.421	0.331
2028	2 470.33	2 029.20	5 779.91	3 309.58	3 750.71	0.427	0.351
2029	2 660.22	2 185.18	6 126.7	3 466.48	3 941.52	0.434	0.357
2030	2 866.86	2 354.92	6 494.3	3 627.44	4 139.38	0.441	0.363
2031	3 146.86	2 495.78	6 494.3	3 347.44	3 998.52	0.485	0.384
2032	3 333.69	2 643.96	6 754.08	3 420.39	4 110.12	0.494	0.391
2033	3 529.52	2 920.98	7 024.24	3 494.72	4 103.26	0.502	0.416
2034	3 734.02	3 090.22	7 305.21	3 571.19	4 214.99	0.511	0.423
2035	3 946.79	3 266.31	7 597.42	3 650.63	4 331.11	0.519	0.430
2036	4 333.56	3 466.85	7 585.26	3 251.7	4 118.41	0.571	0.457
2037	4 596.45	3 677.16	7 888.67	3 292.22	4 211.51	0.583	0.466
2038	4 872.26	4 060.22	8 204.22	3 331.96	4 144	0.594	0.495
2039	5 161.58	4 301.32	8 532.39	3 370.81	4 231.07	0.605	0.504
2040	5 464.91	4 554.09	8 873.68	3 408.77	4 319.59	0.616	0.513
2041	5 805.70	4 838.08	8 844.1	3 038.4	4 006.02	0.656	0.547
2042	6 161.65	5 134.71	9 197.87	3 036.22	4 063.16	0.670	0.558
2043	6 534.43	5 445.35	9 565.78	3 031.35	4 120.43	0.683	0.569
2044	6 926.34	5 771.95	9 948.41	3 022.07	4 176.46	0.696	0.580
2045	7 340.91	6 117.43	10 346.35	3 005.44	4 228.92	0.710	0.591
2046	7 804.77	6 503.97	10 292.37	2 487.6	3 788.4	0.758	0.632
2047	8 289.95	6 908.29	10 704.06	2 414.11	3 795.77	0.774	0.645
2048	8 798.20	7 331.83	11 132.23	2 334.03	3 800.4	0.790	0.659
2049	9 331.87	7 776.56	11 577.52	2 245.65	3 800.96	0.806	0.672
2050	9 893.80	8 244.83	12 040.62	2 146.82	3 795.79	0.822	0.685

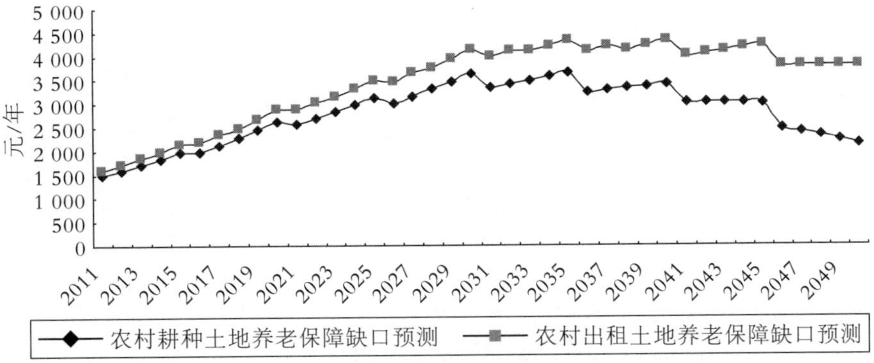

图 6-7　2011—2050 年两序列土地养老保障缺口预测

6.3.2.2　土地养老保障适度贡献指数预测

采用土地养老保障适度贡献指数从相对水平来分析未来土地养老保障对农村基本生存需求的贡献程度，如图 6-8 所示。对 2011—2050 年耕种土地养老保障适度贡献指数分析中可以得出这样的结论：随着土地收益的增加和农村常住人口的逐年减少，两序列的土地保障适度贡献指数逐渐上升，土地养老保障功能得到提高。依据表 6-9 和表 6-10 可知，到 2050 年，耕种和出租土地养老保障对满足农民基本生存需求的贡献分别达到 82.2%和 68.5%，但即使如此，单独依靠土地养老保障仍无法满足农民的基本生存需求，需要其他养老保障方式作为补充；耕种和出租土地养老保障在满足农民基本养老需求中所占比例分别为 19.34%和 16.12%，土地养老保障成为保障农民适度养老的重要补充，在农村养老保险体系中发挥着重要的作用。

两个序列的适度贡献指数相比，出租土地养老保障适度贡献指数相对比较平稳，一直表现为逐年增加的趋势。土地养老保障对于农民养老保障水平进入适度区间的作用越发明显，土地养老保障在未来很长的时间内仍会发挥着重要的作用。因此，针对不同的土地养老保障适度贡献的阶段，采取相对应的养老保障制度安排是妥善的做法。

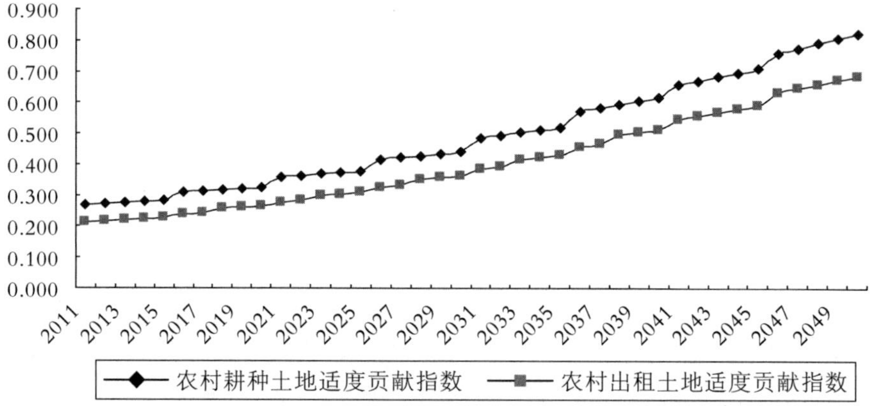

图 6-8　2011—2050 年两序列土地养老保障适度贡献指数预测

表 6-9　**2012—2050 年耕种土地养老保障满足农民生存需求和养老需求占比**

年份	DW（元/年）	S_{-}（元/年）	S^{-}（元/年）	生存需求占比	基本需求占比
2012	594.48	2 185.29	3 445.95	27.20%	17.25%
2013	650.75	2 360.11	3 790.54	27.57%	17.17%
2014	712.66	2 548.92	4 169.59	27.96%	17.09%
2015	780.61	2 752.83	4 586.55	28.36%	17.02%
2016	889.92	2 870.54	5 045.21	31.00%	17.64%
2017	974.72	3 100.18	5 549.73	31.44%	17.56%
2018	1 066.76	3 348.2	6 104.70	31.86%	17.47%
2019	1 166.64	3 616.05	6 715.17	32.26%	17.37%
2020	1 275.03	3 905.34	7 386.69	32.65%	17.26%
2021	1 426.23	3 991.81	7 977.63	35.73%	17.88%
2022	1 535.05	4 231.32	8 615.84	36.28%	17.82%
2023	1 651.05	4 485.2	9 305.10	36.81%	17.74%
2024	1 774.73	4 754.31	10 049.51	37.33%	17.66%
2025	1 906.52	5 039.57	10 853.47	37.83%	17.57%
2026	2 130.22	5 144.1	11 721.75	41.41%	18.17%

续表

年份	DW（元/年）	S_{-}（元/年）	S^{-}（元/年）	生存需求占比	基本需求占比
2027	2 294.23	5 452.74	12 659.49	42.07%	18.12%
2028	2 470.33	5 779.91	13 672.25	42.74%	18.07%
2029	2 660.22	6 126.7	14 766.03	43.42%	18.02%
2030	2 866.86	6 494.3	15 947.31	44.14%	17.98%
2031	3 146.86	6 494.3	16 904.15	48.46%	18.62%
2032	3 333.69	6 754.08	17 918.40	49.36%	18.60%
2033	3 529.52	7 024.24	18 993.50	50.25%	18.58%
2034	3 734.02	7 305.21	20 133.11	51.11%	18.55%
2035	3 946.79	7 597.42	21 341.10	51.95%	18.49%
2036	4 333.56	7 585.26	22 621.57	57.13%	19.16%
2037	4 596.45	7 888.67	23 978.86	58.27%	19.17%
2038	4 872.26	8 204.22	25 417.59	59.39%	19.17%
2039	5 161.58	8 532.39	26 942.65	60.49%	19.16%
2040	5 464.91	8 873.68	28 559.21	61.59%	19.14%
2041	5 805.70	8 844.1	30 272.76	65.64%	19.18%
2042	6 161.65	9 197.87	32 089.12	66.99%	19.20%
2043	6 534.43	9 565.78	34 014.47	68.31%	19.21%
2044	6 926.34	9 948.41	36 055.34	69.62%	19.21%
2045	7 340.91	10 346.35	38 218.66	70.95%	19.21%
2046	7 804.77	10 292.37	40 511.78	75.83%	19.27%
2047	8 289.95	10 704.06	42 942.49	77.45%	19.30%
2048	8 798.20	11 132.23	45 519.04	79.03%	19.33%
2049	9 331.87	11 577.52	48 250.18	80.60%	19.34%
2050	9 893.80	12 040.62	51 145.19	82.17%	19.34%

注：适度区间的下限水平是保障农民的基本生存需求，适度区间的上限水平是保障农民的适度养老需求，因此耕种土地生存需求占比=$DW/S_{-}\times100\%$；耕种土地基本养老需求占比=$DW/S^{-}\times100\%$。

表 6-10　**2012—2050 年出租土地养老保障满足农民生存需求和养老需求占比**

年份	DR（元/年）	S_{-}（元/年）	S^{-}（元/年）	生存需求占比	基本需求占比
2012	475.58	2 185.29	3 445.95	21.76%	13.80%
2013	520.60	2 360.11	3 790.54	22.06%	13.73%
2014	570.13	2 548.92	4 169.59	22.37%	13.67%
2015	624.48	2 752.83	4 586.55	22.69%	13.62%
2016	684.56	2 870.54	5 045.21	23.85%	13.57%
2017	749.78	3 100.18	5 549.73	24.19%	13.51%
2018	861.61	3 348.2	6 104.70	25.73%	14.11%
2019	942.29	3 616.05	6 715.17	26.06%	14.03%
2020	1 029.83	3 905.34	7 386.69	26.37%	13.94%
2021	1 109.29	3 991.81	7 977.63	27.79%	13.91%
2022	1 193.93	4 231.32	8 615.84	28.22%	13.86%
2023	1 345.30	4 485.2	9 305.10	29.99%	14.46%
2024	1 446.08	4 754.31	10 049.51	30.42%	14.39%
2025	1 553.46	5 039.57	10 853.47	30.83%	14.31%
2026	1 673.74	5 144.1	11 721.75	32.54%	14.28%
2027	1 802.61	5 452.74	12 659.49	33.06%	14.24%
2028	2 029.20	5 779.91	13 672.25	35.11%	14.84%
2029	2 185.18	6 126.7	14 766.03	35.67%	14.80%
2030	2 354.92	6 494.3	15 947.31	36.26%	14.77%
2031	2 495.78	6 494.3	16 904.15	38.43%	14.76%

续表

年份	DR（元/年）	S_{-}（元/年）	S^{-}（元/年）	生存需求占比	基本需求占比
2032	2 643.96	6 754.08	17 918.40	39.15%	14.76%
2033	2 920.98	7 024.24	18 993.50	41.58%	15.38%
2034	3 090.22	7 305.21	20 133.11	42.30%	15.35%
2035	3 266.31	7 597.42	21 341.10	42.99%	15.31%
2036	3 466.85	7 585.26	22 621.57	45.71%	15.33%
2037	3 677.16	7 888.67	23 978.86	46.61%	15.34%
2038	4 060.22	8 204.22	25 417.59	49.49%	15.97%
2039	4 301.32	8 532.39	26 942.65	50.41%	15.96%
2040	4 554.09	8 873.68	28 559.21	51.32%	15.95%
2041	4 838.08	8 844.1	30 272.76	54.70%	15.98%
2042	5 134.71	9 197.87	32 089.12	55.82%	16.00%
2043	5 445.35	9 565.78	34 014.47	56.93%	16.01%
2044	5 771.95	9 948.41	36 055.34	58.02%	16.01%
2045	6 117.43	10 346.35	38 218.66	59.13%	16.01%
2046	6 503.97	10 292.37	40 511.78	63.19%	16.05%
2047	6 908.29	10 704.06	42 942.49	64.54%	16.09%
2048	7 331.83	11 132.23	45 519.04	65.86%	16.11%
2049	7 776.56	11 577.52	48 250.18	67.17%	16.12%
2050	8 244.83	12 040.62	51 145.19	68.48%	16.12%

注：出租土地生存需求占比 $=DR/S_{-}\times100\%$；耕种土地基本养老需求占比 $=DR/S^{-}\times100\%$。

2011—2050年农村养老保障水平动态变化图如图6-9所示。

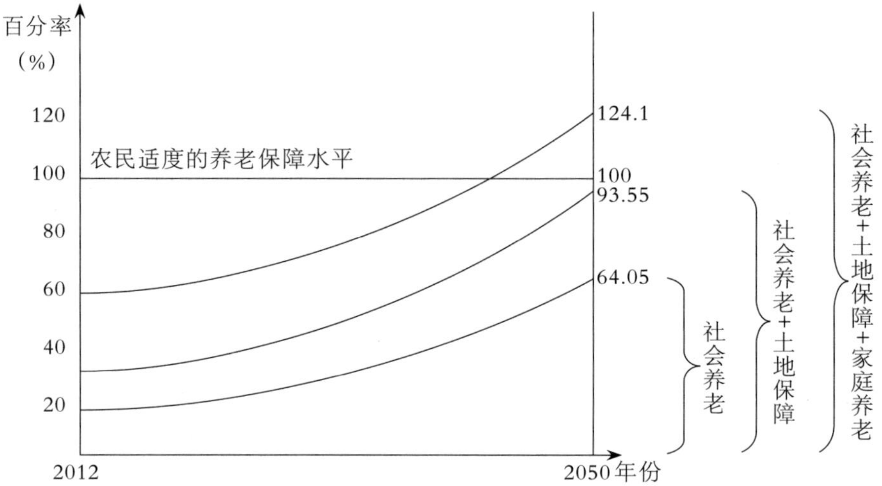

图6-9 2011—2050年农村养老保障水平动态变化图

总之，由于土地资源不可再生的特性，随着经济发展，农地将会越来越稀缺，因此，未来土地收益将会增加。同时未来人口总量的减少及城市化进程的加快，大量农村人口迁移到城市，农村人口逐年下降。因此，从测算的结果来看，无论从水平贡献指数还是适度贡献指数来分析，土地的养老保障功能未来都会逐步显现；但是从土地养老保障缺口来看，单独依靠土地养老保障仍然无法满足农民的基本生存养老，发挥多种养老方式的合力，才是实现农民养老的理性选择。

在制定农村养老保障各项政策过程中既要考虑土地养老保障相对水平在不同时期的变化，同时也要将土地养老保障绝对水平纳入考量体系之中；既要考虑土地养老保障水平贡献在不同时期的变化，也要考虑土地养老保障适度贡献在各个阶段的变化，才能保证农村养老保障政策制定的科学性与合理性。

第7章　发挥农村养老保险体系中土地养老保障功能的对策建议

农村养老保险体系的建立是一项复杂而又艰巨的系统工程，如何建立健全农村养老保障机制是摆在党和国家政府面前的亟待解决的难题。从社会保障制度建设本身来说，目前新型农村养老保险制度的建设还处于试点阶段，相关法律和政策还不完善，给付水平还较低，基金管理和运营的监管还不规范，风险预警机制建设还有待加强。农村养老的关键是农民收入的提高，当前经济社会发展阶段和农村人口的现状决定了我国在未来一段时间内只能坚持多支柱的农村养老保险体系，强化和整合现有的保障模式是必然出路。因此，本章对强化农村养老保险体系中土地养老保障功能提出一些对策和建议。

7.1　提高土地资源安全，实行土地资本化

7.1.1　转变观念，强化土地资源安全意识

从我国的国情出发，树立人多地少、土地资源短缺的忧患意识，摆

脱原来地大物博的错误观念，认清我国人均土地资源远低于国际人均平均水平的严峻形势，认清土地资源对于我国经济社会发展和农民养老保障安全的重要性，正确处理好经济发展不断上涨的土地需求和保护农民手里的土地资源之间的矛盾，坚决落实珍惜和合理利用每寸土地，切实保护耕地的基本国策[①]，毫不动摇地实行土地保护制度，培养和强化国民的土地资源保护意识，让保护土地资源安全的观念深入人心，同时应当把土地资源的保护作为考核当地执政领导工作业绩的一项，让违法占用农民土地资源的行为从根本上杜绝，把土地资源的保护真正落在实处。

7.1.2 树立风险意识，建立土地资源安全预警机制

我国人口众多，人均耕地面积只是世界人均耕地面积的 1/3，可用面积比重小，而且中西部的土地质量不高，在这样的条件下，养活中国 13 亿人口，建立土地资源安全和预警机制就变得尤为重要，科学评估我国土地资源变动状况，探讨土地资源安全变化趋势，提出强化土地保护的策略和措施迫在眉睫。土地资源安全预警是依据土地科学相关理论，通过建立计量预警模型对土地信息的实时跟踪，并融合信息技术的系统工程。通过土地安全预警机制的建立，实现土地资源充分识别和合理利用，促进国土资源安全体系的建立，保障土地资源可持续利用。

加强土地资源安全保护基础研究，开展土地资源调查，在切实了解我国土地资源的数量、质量和土壤状况的基础上建立土地资源安全的监测、评价、报警、解决数量和质量的生态预警机制，进一步完善土地资源安全监测和宏观调控体系。土地资源保护需要全社会共同参与，将土地安全保护上升为国家战略，多方位、多渠道地保护我国土地资源安全，保障土地资源可持续利用。

7.1.3 创新机制，实现土地资本化

由于我国农村经济发展呈现地区差异性，农村人口结构发生了很大

---

① 《中华人民共和国土地管理法》，1986 年 6 月 25 日第六届全国人民代表大会常务委员会第十六次会议通过，1998 年 8 月 29 日第九届全国人民代表大会常务委员会第四次会议第一次修正，2004 年 8 月 28 日第十届全国人民代表大会常务委员会第十一次会议第二次修正。

的变化，已经不再是单纯的农民，而是分化成纯农民、失地农民、农民工和完全城市化的农民。不同类型的农民对土地的依赖程度是不同的，当然对土地养老保障制度的需求也是不同的。因此只有通过土地制度的不断创新，才能适应当前不同类型农民对土地养老保障制度的差异化需求，土地的资本化就是在这个背景下提出的。[①]土地资本化是指把我国农村土地使用权作为资本来转让，从而获取一定经济报酬的过程[②]。农民承包的土地使用权拥有资本的特性，能给拥有土地使用权的农民带来收益。土地资本化主要包括：土地租赁、土地股份合作制、土地信托、土地使用权买卖和土地使用权的证券化。土地租赁是指土地的使用者在土地承包期间，把土地的使用权让渡给他人，所获得报酬的一种土地资本化形式；土地股份合作制是指拥有土地的农民以土地入股的方式参与土地的流转，依靠股息和红利来实现养老；土地信托是指农民把土地委托给受托人，受托人利用专业规划和管理来提高土地的使用效率，将土地使用的所得利润扣除托管费用后，作为农民的养老资金；土地使用权买卖是指农民将土地使用权转让给他人，并获得转让金的行为；土地使用权的证券化是指利用土地使用权发行证券，并在资本市场公开向投资者出售，这是土地资本化的高级方式。[③]土地资产证券化的本质没有改变土地的所有权，但增加了农民对于土地使用权的利用效率，加深了土地的市场化程度，增强了土地产业化运作的可能性，使得稀缺的土地资源应有的市场价值得以更好的体现。

土地资本化有助于土地养老保障制度的创新。农村土地养老保障的实质是农民从土地收入中获取养老所需。但依靠传统土地生产的收益太低，根本无法应对土地养老保障弱化的挑战。因此，必须创新性地发展土地资本化，加速农村土地的流转，实现农业集约化生产和规模化耕种，从而实现规模效益，切实地提高农民土地的收入，提升农村土地养老保障功能。

土地的资本化使土地从实物保障转变为价值保障，即土地从物质资料转变为生产要素。对于农村中丧失劳动能力的老人来说，可以通过承

① 潘莉，常洪钧．我国农村社会保障问题研究述评 [J]．江汉论坛，2006（6）．
② 张跃进．农村土地使用权资本化的几个理论问题 [J]．江西财经大学学报，2004（5）．
③ 黎翠梅．土地资本化与农村土地养老保障制度的创新 [J]．财经论丛，2007（1）．

包权入股，把土地使用权让渡给他人或股份合作组织进行规模化生产，获得红利或股息，实现土地换保障，这无疑对丧失劳动能力的老年农民是土地养老保障的创新；对于农民工来说，土地的资本化，使得农民工选择将土地使用权转移出去，获得土地转让、租赁或参股的收益，既保护了耕地，又使农民的土地权益得到维护，促进了农村剩余劳动力向城市的转移，加快了工业化和城市化进程。

因此，政府要制定政策推动农村土地资本化的发展。经济和社会发展的程度不同，土地资本化的形式也会有所不同，因此各地应根据当地的情况因地制宜地选择适合本地的土地资本化形式，要充分尊重农民的意愿，以有利于提高农民收入为根本原则。

7.1.4 规范行为，全方位建设农村土地租赁市场

地方政府应积极建立有形的、规范的土地租赁市场。国家和地方政府应尽快出台相关的政策和法规来规范土地租赁市场的发展；同时，各级政府应加快对土地租赁市场的投入，通过以奖代补的方法来鼓励和支持各级土地租赁市场的建设；鼓励和支持发展农民专业合作组织，引导民间资本投资农村，引导科研人员和专业人士到农村帮助农民建立农村合作组织，开展土地的规模化生产，从而实现土地收入的大幅度增加；规范和促进委托代理机构、法律咨询机构、土地抵押担保机构、农业保险机构等中介服务公司的健康发展，保证土地租赁工作的健康、有序进行，促进土地租赁市场的发展和完善，保障土地使用权的资本化运作。

7.2 完善土地的流转制度，建立土地循环养老模式

加快土地流转，实行农业的规模化生产，提高农业产出收入，建立土地循环养老保障模式。这种土地循环养老保障模式类似于日本的农民补充养老计划，即农民受雇于土地流转后占有大量土地的农业公司，由农业公司的农场主替农工缴纳社会养老保险，而农场主自己则缴纳类似的养老年金的养老计划，作为其基本养老金的补充。这些费用都从土地

的集约化生产中获得，使得农村土地养老保障功能实现有机循环。完善土地的流转，确保农民土地流转价格的合理，是土地循环养老模式得以实现的前提，只有建立完善的土地流转制度，才能确保农村土地养老保障更高层次的延续。

7.2.1 确立价格竞争机制，大力推动土地市场发展

土地市场建设在于确立价格竞争体系，构建在政府监管下的土地价格转让信息平台，理顺土地价格形成体系。土地资源得到合理配置，农民土地价值得以充分体现的关键在于土地流通市场的发展和完善，土地转让的自由竞价机制形成和土地资本化的发展，只有这样土地价格才能真正与其稀缺性的价值相一致，通过土地价格这双“看不见的手”来自动配置土地资源。成熟的土地市场允许农民个人或集体所有的土地使用权进入土地市场进行买卖，通过招标、拍卖、挂牌出让的方式由市场来确定土地使用权的买者，自动形成土地的合理价格，从而实现土地资源的科学配置。

过去，市场机制的资源配置作用在土地流转中没有得到充分发挥的主要原因就是地方政府对土地市场的行政干预。土地是由政府来定价，没有真正地体现土地的真实价格，农民土地转让的积极性受挫，土地流转不畅，农民的土地征收转让款远远偏离土地实际本身的价值，农村土地养老保障无法真正发挥作用。因此，要完善土地市场体系，确立价格竞争透明机制，减少地方政府的行政垄断，允许各经济主体自由竞价，发挥市场机制的资源配置的基础作用。

但是，由于土地价格本身具有特殊性，不同于其他商品，交易数量要远远低于其他商品，同时，土地本身存在区位、肥力、地块面积等各方面的差别，因此，在土地市场建设中还应充分发挥政府在市场建设中监督职能，建立透明、公开的土地交易信息平台，发展健康成熟的中介机构，保证各交易主体，尤其是农民的合法利益，促进土地市场价格机制健康发展。

7.2.2 明晰土地产权，建立与市场经济相适应的征地补偿标准

根据我国现行征地补偿办法，对征地农民的补偿费用是以平均每亩产值作为补偿标准，最高为其 30 倍。但农村土地产值相对不高，而且相邻土地的征地补偿往往因土地使用情况而相差很大，因此，根据《中华人民工和国土地管理法》（以下简称《土地管理法》）[①]规定的征地补偿标准过低，根本无法满足农民的基本生活需求，更谈不上失去土地养老保障后的农民养老，这是农民土地养老保障无法延续的主要原因。因此，修改《土地管理法》中有关征地补偿条款，提高国家的征地补偿标准是符合农民的根本利益的。随着我国加入 WTO 和市场经济的逐步深入，对农民失去土地所造成的损失进行市场估价，并按价赔偿是国际通用的做法，我国征地补偿的市场化已成为必然。中国城郊经济研究会调查数据显示，在土地增值中，政府得 60%～70%，村级集体组织得 5%～30%，农民只得 5%～10%。从政府实际取得土地增值水平来看，提高征地补偿标准具有现实可行性。应建立一种能够处理好国家、集体和农民三者利益关系的补偿机制，既减少征地的交易费用，又能最大程度地杜绝补偿费用的中途流失，从而真正维护农民的根本利益，实现土地的养老保障功能。实现农民土地征收中的公平，就必须深化土地市场化改革和土地征地制度，培育和完善土地产权市场，以土地市场价格为依据来确定土地的征地补偿。

7.2.3 加强管理，强化政府对土地流转的监督职能

首先，完善土地流转的政策和法规。虽然《农村土地承包法》[②]明确承认了农民拥有土地使用权流转的权利，“承包方有权依法自主决定土地承包经营权是否流转和流转方式”。农业部 2005 年 47 号文件《农

① 《中华人民共和国土地管理法》第四十七条规定：征收耕地的补偿费用包括土地补偿费、安置补助费以及地上附着物和青苗的补偿费。征收耕地的土地补偿费，为该耕地被征收前三年平均年产值的六至十倍。征收耕地的安置补助费，按照需要安置的农业人口数计算。需要安置的农业人口数，按照被征收的耕地数量除以征地前被征收单位平均每人占有耕地的数量计算。每一个需要安置的农业人口的安置补助费标准，为该耕地被征收前三年平均年产值的四至六倍。但是，每公顷被征收耕地的安置补助费，最高不得超过被征收前三年平均年产值的十五倍。

② 《农村土地承包法》，2002 年 8 月 29 日第九届全国人民代表大会常务委员会第二十九次会议通过，2003 年 3 月 1 日开始执行。

村土地承包耕种权流转管理办法》[①]中对流转的原则、流转的当事人、流转的对象、流转合同、流转管理、纠纷处理和政府作用都进行了详细的阐述，这些都为土地顺利流转提供了政策依据，但仍然在土地流转中的政府责任、流转的费用应由谁承担等问题上没有明确的指示。因此，要完善土地流转的法律法规，对于不履行职责的政府官员问责，由政府财政补贴土地流转管理中的费用，促进土地流转的健康发展。

其次，政府要加强对流转的监督和管理。要对土地流转进行科学规划和统筹安排，制定并执行科学合理的流转程序，应按照《农村土地承包耕种权流转管理办法》中规定的程序来办理土地流转的问题，并进行规范指导和管理；要加强对合同的指导和管理，流转合同一旦签订就具有法律效力，当事人必须履行合同中规定的权利和义务；由于农民普遍文化水平不高，因此在土地流转合同签订过程中，政府应当给予指导，同时监督流转合同的履行，加强土地流转的相关材料的存档和管理，及时对土地流转中发生的纠纷进行仲裁和妥善处理，确保土地流转顺利实施；在土地转让后，要通过政府或中介组织积极引导农民实行土地互换，实现真正的规模化耕种，提高农业生产率和规模效益；尊重农民的意愿，科学规划，保护土地资源，科学合理地使用土地，在土地用途发生改变时，必须服从统一规划，做到切实保护土地资源；对土地的流转情况进行详细登记，逐步扩大土地登记的覆盖面；逐步建立全国土地信息查询系统，发挥政府在土地流转中的监管作用和土地使用权保障作用。[②]

7.2.4 建立健全法规，保障土地流转的有效实施

土地流转的制度化、法制化，才能从根本上保证农村土地流转的稳定性和持续性。但我国没有专门的农村承包土地流转法，而且相关的法律表述在实践中存在冲突，土地流转行为缺乏法律保障，这不但是专家学者最关心的问题，更是打击农民对土地流转的信心，因此需要修订相关法律法规并依法处理土地流转过程中产生的矛盾纠纷。

---

① 《农村土地承包经营权流转管理办法》2005年1月7日经农业部第二次常务会议审议通过，自2005年3月1日起施行。

② 唐文金．农户土地流转意愿与行为研究［M］．北京：中国经济出版社，2008．

我国的《物权法》[①]《土地管理法》《土地管理法实施条例》[②]《农村土地承包耕种纠纷调解仲裁法》[③]，以及《农村土地承包法》等法律法规，针对农村土地承包耕种权流转的法律解释中存在矛盾，因此，今后在对相关法律修订时应予以改正、解释和完善。同时，在土地流转过程中仍有许多问题需要有明确的法律规定，比如“转包”问题，转包后的受让人所获得的土地使用权是一种物权还是债权的司法解释；再如土地股份合作问题，农民取得股权后，是否可以在土地承包权到期后继续承包土地，《土地承包法》都没有明确的规定。诸如此类，农民土地流转中许多问题需要通过立法来解释。

7.3 调整农业产业结构，确保农业收入稳步提高

7.3.1 增加农业投入，建立农业增长长效机制

资金短缺是制约农业发展的主要因素，转变农业发展模式就是切实保障农业的资本投入。建立政府财政投入是种子、信贷投入为辅助、农民投入为主体、社会资金做补充的多方位的农业资金筹集体系。城市反哺农村，工业反哺农业，加大财政和信贷向农村的倾斜力度，加大农村基础建设和水利建设，扩大公共财政在农村的覆盖范围，建立政府扶持的农业长效增长机制。深化农业金融体制改革，增加农业信贷投入，扩大针对个体农户和农村小微企业的信贷投放比例。大幅度增加三农补贴，充分调动农民和集体组织增收节资的积极性。鼓励优势企业进入农村，涉足农业，引入现代科学的管理技术，加大企业的规模化程度，提升农业的回报率。优化农业投资环境，积极吸引内外部资金的投入和社会对弱势农民的捐赠。

---

① 《中华人民共和国物权法》由中华人民共和国第十届全国人民代表大会第五次会议于 2007 年 3 月 16 日通过，自 2007 年 10 月 1 日起施行。

② 《中华人民共和国土地管理法实施条例》由 1998 年 12 月 24 日国务院第十二次次常务会议通过，自 1999 年 1 月 1 日起施行。

③ 《中华人民共和国农村土地承包经营纠纷调解仲裁法》由中华人民共和国第十一届全国人民代表大会常务委员会第九次会议于 2009 年 6 月 27 日通过，自 2010 年 1 月 1 日起施行。

7.3.2 实施科教兴农战略，提高农业综合能力

邓小平同志提出，“我国农业问题的根本出路最终要靠生物工程来解决，要靠尖端科技”。我国面临着资源的日益短缺，农业技术创新，转变农业发展模式，才是解决问题的关键。当前，我国的农业科技贡献率和科研成果转化率都远远低于发达国家水平[①]，农业方面的人才极缺。实际调查发现，农业生产的科技含量普遍较低，不仅是高新技术的缺乏，更主要的是农业科学技术的运用缺乏，由于农民的受教育程度偏低，眼界不够，认识不高，造成先进的农业科技在生产中得不到应用，因此必须实施科教兴农的战略。

首先，加大对农业技术的开发和使用。加强农业技术研究，特别是生物技术和新能源技术，引进外国先进的技术和理念，消化理解并加以创新，实现农业生产跨越式发展，尽快缩小与发达国家之间的差距。通过提高科技含量进行农产品深加工和发展特色农产品，开拓市场，增加产品的内在价值和附加值。集中发展循环经济，节能减排，促进农业可持续发展。

其次，加大农业技术的推广与普及。重点推广和发展养殖业的先进实用技术，大力发展有效节约资源方面的科学技术，发展环境合理利用型产业，加强宣传、教育和推广，加强农业科技服务平台建设，加快科技成果转化。

最后，加强农民的培训和人才培养。努力提高农民的整体素质，在落实义务教育的基础上，大力发展农村职业教育和技能短期培训，提高农村职业教育的回报率，提高农民的专业化水平。组织科技人员到农村中去，开展科技知识传授、普及和推广。除了加强农业投入，完善农业技术推广体系之外，还应积极引导大学生转变就业观念，加大对农业人才的培养、引进和补贴力度，鼓励他们在农村的广阔天地中施展自己的才华。

---

① 耿静．转变农业发展方式 优化农业产业结构［J］．吉林农业，2010（3）．

7.3.3 深化农村体制改革，转变农业发展机制

由于当前城乡二元模式和现阶段农村经济和社会发展所处的阶段，我国农业发展还面临着诸多制度上的约束。农业长期“过度输血”、农民政策上的歧视和政府对农业干预过多等，都使得农业发展面临着种种掣肘。因此，深化农村体制改革，转变发展机制迫在眉睫。家庭联产制度适应当前农村发展状况，在未来很长一段时间都是我国农村基本的制度，在稳定土地家庭联产承包责任制的基础上，逐步完善和发展农村土地承包制度。工业化的发展，为传统农业注入信息、管理等生产要素，为创新农业生产方式提供条件；城市化建设，有效转移了农村剩余劳动力，促进农业产业化发展；市场化发展为家庭农业生产提供社会化服务。

7.3.4 优化产业布局，实行产业化耕种

优化农业产业布局，形成产业优势。农民增收效果不明显的原因之一就是没有形成区域化和规模化。农业规模耕种能有效地抵御自然灾害和市场风险，降低单位产品的不确定性，提高收益。因此，在推进农村产业结构升级中要按自然状况、资源禀赋、产业特点和现有条件进行合理规划布局，形成产业集群优势。调整农业结构，升级农产品质量监控体系，加大农产品出口贸易扶持和补贴，尽快与国际农产品质量标准体系接轨，扩大出口，实现农民增收。

7.4 发展农村新型产业，推进生态农业发展

大力发展生态旅游农业，实现循环经济。我国生态旅游农业建设起步于20世纪70年代末，经历了研究试验、探索试点和大力发展三个阶段。农民依托自己的土地和自然环境的优势，发展观光农业、休闲农业、旅游农业、采摘农业等生态旅游农业，成为农民致富的一个新的增长点，同时延长了农村老人的就业年龄，并提供了就业机会，为农村养老保障开辟了新的思路。依托土地发展生态农业使农业结构得到了调

整，可以根据生态农业的需求来调整农业结构，这是在充分尊重消费者需求的基础上的自发行为；生态旅游农业的发展使农业生产延长产业链，提升了农业的升值空间。无论是产业结构调整，还是产业链条的延伸，都为农民增收提供了条件。这为农村老年人创造了一个“老有所为”的机会，通过劳动来获得自给的养老保障。

我国的生态旅游农业虽然取得了一定的发展，但很多方面还存在缺陷，使得生态农业建设没有在全国范围内广泛推广。因此，必须进行生态旅游农业管理方面的创新，引入现代管理模式，推动生态旅游农业产业化发展。

首先，应保护好农业生态环境，做好规划。在进行生态农业旅游开发之前，做好项目的规划论证。对生态农业旅游资源，如自然景观、民俗文化、人文特色进行分析，做好市场调研和定位。

其次，以循环经济理论为依据进行生态农业旅游开发。生态旅游农业发展是以低能效、高效率地利用生态环境为核心，实现农业生产可持续发展为理念的经济模式。生态农业旅游产业，开展采摘、观光、体验、生态休闲等项目，农业生产与生态旅游相结合，形成多层次、高附加值、多产业的低碳环保农业增长模式。

最后，加强环境监控，实现良性发展。农业生态旅游业的良性发展，应建立环境质量监控体系，对环境的承载力进行评估，确保环境保护在良性可持续发展的可控范围；约束和规范游客的行为，避免由于游客本身的不良行为对环境造成破坏；对农民进行文化上的教育和引导，杜绝欺诈游客的行为，让他们真正认识到保持其淳朴民风是生态旅游的一部分，是农民收入可持续增加的保证。

附录

附录一

2000—2010 年我国农业产出的省际面板数据对数处理

地　区	2000年	2001年	2002年	2003年	2004年	2005年	2006年	2007年	2008年	2009年	2010年
北　京	5.2	5.3	5.4	5.5	5.6	5.6	5.6	5.6	5.7	5.7	5.8
天　津	5.0	5.1	5.2	5.3	5.4	5.5	5.6	5.5	5.6	5.6	5.7
河　北	7.3	7.4	7.5	7.5	7.7	7.8	7.9	8.0	8.1	8.2	8.3
山　西	5.7	5.8	5.9	6.0	6.1	6.2	6.2	6.2	6.3	6.8	6.9
内蒙古	6.3	6.3	6.4	6.4	6.6	6.8	6.9	7.1	7.3	7.3	7.5
辽　宁	6.9	6.9	7.0	7.0	7.2	7.3	7.5	7.6	7.8	7.9	8.0
吉　林	6.5	6.4	6.5	6.6	6.8	6.8	7.0	7.2	7.3	7.4	7.5
黑龙江	6.4	6.5	6.7	6.8	6.9	7.1	7.2	7.4	7.6	7.7	7.8
上　海	5.3	5.4	5.5	5.5	5.6	5.6	5.5	5.5	5.6	5.7	5.7

续表

地　区	2000年	2001年	2002年	2003年	2004年	2005年	2006年	2007年	2008年	2009年	2010年
江　苏	7.5	7.5	7.6	7.6	7.7	7.8	7.9	8.0	8.1	8.2	8.3
浙　江	6.9	7.0	7.0	7.0	7.2	7.2	7.3	7.4	7.4	7.5	7.7
安　徽	7.1	7.1	7.2	7.2	7.3	7.4	7.4	7.6	7.7	7.8	7.9
福　建	6.9	6.9	7.0	7.0	7.1	7.2	7.3	7.4	7.5	7.6	7.7
江　西	6.6	6.6	6.7	6.7	6.9	7.0	7.1	7.2	7.4	7.4	7.5
山　东	7.7	7.8	7.8	7.9	8.1	8.2	8.3	8.4	8.6	8.7	8.8
河　南	7.5	7.6	7.7	7.7	7.9	8.0	8.1	8.2	8.4	8.4	8.6
湖　北	7.0	7.0	7.1	7.2	7.4	7.4	7.5	7.7	7.9	7.9	8.1
湖　南	7.1	7.1	7.2	7.2	7.5	7.6	7.6	7.8	8.1	8.0	8.2
广　东	7.4	7.4	7.5	7.5	7.6	7.8	7.9	7.9	8.1	8.1	8.2
广　西	6.7	6.7	6.8	6.9	7.1	7.2	7.3	7.6	7.7	7.7	7.9
海　南	5.6	5.7	5.9	5.9	6.0	6.1	6.2	6.2	6.4	6.5	6.7
重　庆	6.0	6.0	6.1	6.1	6.4	6.4	6.5	6.5	6.7	6.8	6.9
四　川	7.2	7.3	7.4	7.4	7.7	7.7	7.8	8.1	8.2	8.2	8.3
贵　州	6.0	6.0	6.1	6.1	6.2	6.3	6.4	6.5	6.7	6.7	6.9
云　南	6.5	6.5	6.6	6.6	6.8	6.9	7.0	7.1	7.3	7.4	7.5
西　藏	3.9	3.9	4.0	4.0	4.1	4.2	4.2	4.3	4.4	4.5	4.6
陕　西	6.1	6.1	6.2	6.2	6.4	6.5	6.6	6.8	7.1	7.1	7.4
甘　肃	5.7	5.8	5.9	5.9	6.1	6.2	6.3	6.5	6.6	6.7	6.9
青　海	4.1	4.1	4.2	4.3	4.4	4.5	4.6	4.7	5.0	5.0	5.2
宁　夏	4.3	4.4	4.5	4.6	4.8	4.9	5.0	5.1	5.3	5.4	5.6
新　疆	6.1	6.2	6.3	6.5	6.6	6.7	6.7	6.9	7.0	7.1	7.5

附录二

2000—2010年我国资本要素投入的省际面板数据对数处理

地区	2000年	2001年	2002年	2003年	2004年	2005年	2006年	2007年	2008年	2009年	2010年
北京	4.7	4.8	4.9	5.0	5.1	5.1	5.1	5.1	5.3	5.3	5.3
天津	4.4	4.5	4.6	4.8	4.9	5.0	5.0	4.9	5.0	5.0	5.1
河北	6.6	6.6	6.6	6.8	6.9	7.0	7.1	7.1	7.3	7.3	7.5
山西	5.0	4.9	5.0	5.2	5.3	5.4	5.5	5.4	5.6	6.1	6.2
内蒙古	5.3	5.3	5.4	5.5	5.8	6.0	6.1	6.2	6.4	6.5	6.6
辽宁	6.1	6.2	6.3	6.4	6.6	6.7	6.8	6.9	7.1	7.2	7.3
吉林	5.4	5.6	5.6	5.7	5.9	6.1	6.2	6.4	6.5	6.6	6.7
黑龙江	5.6	5.7	5.8	6.0	6.3	6.4	6.5	6.7	6.9	7.0	7.1
上海	4.9	5.0	5.0	5.0	5.0	4.9	5.0	5.0	5.1	5.1	5.1
江苏	6.8	6.9	6.9	6.8	6.9	7.0	7.1	7.1	7.3	7.3	7.5
浙江	6.0	6.0	6.0	6.1	6.2	6.3	6.4	6.4	6.5	6.6	6.7
安徽	6.2	6.2	6.3	6.3	6.5	6.6	6.6	6.8	6.9	7.0	7.1
福建	6.0	6.0	6.0	6.1	6.3	6.3	6.4	6.5	6.7	6.7	6.8
江西	5.6	5.7	5.7	5.7	5.9	6.0	6.1	6.3	6.4	6.5	6.5
山东	6.9	7.0	7.0	7.2	7.4	7.5	7.6	7.7	7.9	7.9	8.0
河南	4.4	6.8	6.8	6.9	7.1	7.3	7.3	7.4	7.6	7.7	7.8
湖北	6.1	6.1	6.2	6.3	6.5	6.5	6.6	6.8	7.1	7.1	7.2
湖南	6.1	6.1	6.2	6.3	6.6	6.7	6.7	6.9	7.2	7.1	7.3
广东	6.6	6.5	6.6	6.7	6.8	6.9	7.0	7.0	7.2	7.2	7.3
广西	5.7	5.7	5.8	5.9	6.2	6.3	6.4	6.7	6.8	6.8	7.0
海南	4.7	4.8	4.9	4.9	5.1	5.2	5.3	5.2	5.4	5.5	5.6
重庆	4.9	5.0	5.0	5.0	5.2	5.3	5.4	5.5	5.7	5.7	5.8
四川	6.2	6.2	6.3	6.5	6.7	6.8	6.9	7.2	7.3	7.3	7.4
贵州	5.0	5.0	5.0	5.1	5.2	5.3	5.4	5.5	5.7	5.8	5.9
云南	5.5	5.5	5.6	5.7	5.9	6.0	6.1	6.2	6.4	6.5	6.6
西藏	2.6	2.6	2.7	2.8	2.9	3.0	3.1	3.2	3.3	3.4	3.5
陕西	5.2	5.3	5.3	5.4	5.6	5.7	5.8	6.0	6.3	6.3	6.5
甘肃	4.9	4.9	5.0	5.1	5.3	5.4	5.4	5.7	5.8	5.9	6.1
青海	2.9	3.0	3.0	3.1	3.3	3.4	3.4	3.6	3.9	3.9	4.2
宁夏	3.5	3.6	3.7	3.8	4.1	4.2	4.3	4.4	4.7	4.8	5.0
新疆	5.3	5.3	5.4	5.6	5.7	5.8	5.9	6.1	6.2	6.3	6.6

附录三

2000—2010 年我国劳动力要素投入的省际面板数据对数处理

地　区	2000年	2001年	2002年	2003年	2004年	2005年	2006年	2007年	2008年	2009年	2010年
北　京	4.3	4.3	4.2	4.2	4.1	4.1	4.2	4.2	4.2	4.2	4.2
天　津	4.4	4.4	4.4	4.4	4.4	4.4	4.4	4.4	4.4	4.4	4.3
河　北	7.4	7.4	7.4	7.4	7.4	7.4	7.3	7.3	7.3	7.3	7.3
山　西	6.5	6.5	6.5	6.5	6.5	6.5	6.5	6.5	6.5	6.5	6.5
内蒙古	6.3	6.3	6.3	6.3	6.3	6.3	6.3	6.3	6.3	6.3	6.3
辽　宁	6.5	6.5	6.5	6.5	6.6	6.6	6.6	6.6	6.5	6.5	6.6
吉　林	6.3	6.3	6.3	6.3	6.3	6.3	6.3	6.2	6.2	6.2	6.3
黑龙江	6.7	6.7	6.7	6.7	6.7	6.7	6.7	6.7	6.7	6.7	6.7
上　海	4.5	4.5	4.4	4.3	4.2	4.1	4.1	4.0	3.9	3.9	3.6
江　苏	7.3	7.3	7.2	7.1	7.1	7.0	6.9	6.9	6.8	6.8	6.8
浙　江	6.9	6.9	6.8	6.8	6.7	6.7	6.6	6.5	6.5	6.5	6.5
安　徽	7.6	7.6	7.6	7.5	7.5	7.5	7.4	7.4	7.4	7.4	7.3
福　建	6.7	6.6	6.6	6.6	6.6	6.6	6.5	6.5	6.5	6.5	6.5
江　西	6.9	6.9	6.9	6.9	6.9	6.9	6.8	6.8	6.8	6.8	6.8
山　东	7.8	7.8	7.8	7.7	7.7	7.6	7.6	7.6	7.6	7.6	7.6
河　南	8.2	8.2	8.1	8.1	8.1	8.1	8.0	8.0	8.0	7.9	7.9
湖　北	7.1	7.1	7.1	7.0	7.0	7.0	7.0	7.0	6.9	6.9	6.8
湖　南	7.7	7.6	7.6	7.6	7.6	7.6	7.6	7.5	7.5	7.5	7.5
广　东	7.4	7.4	7.4	7.4	7.3	7.3	7.3	7.3	7.3	7.3	7.3
广　西	7.4	7.4	7.4	7.4	7.3	7.3	7.3	7.3	7.3	7.4	7.4
海　南	5.3	5.3	5.3	5.3	5.4	5.4	5.4	5.4	5.4	5.4	5.4
重　庆	6.8	6.8	6.8	6.7	6.7	6.7	6.6	6.6	6.5	6.5	6.5
四　川	7.9	7.9	7.8	7.8	7.8	7.8	7.7	7.7	7.7	7.7	7.7
贵　州	7.2	7.2	7.2	7.2	7.2	7.1	7.1	7.1	7.1	7.1	7.1
云　南	7.4	7.4	7.4	7.4	7.4	7.4	7.4	7.4	7.4	7.4	7.4
西　藏	4.5	4.5	4.5	4.4	4.5	4.5	4.5	4.5	4.5	4.5	4.5
陕　西	6.9	6.9	6.9	6.9	6.9	6.9	6.9	6.8	6.8	6.8	6.8
甘　肃	6.6	6.6	6.6	6.6	6.6	6.6	6.6	6.6	6.6	6.6	6.6
青　海	5.0	5.0	4.9	4.9	4.9	4.9	4.8	4.8	4.8	4.8	4.8
宁　夏	5.1	5.1	5.0	5.0	5.0	5.0	5.0	5.0	4.9	4.9	4.9
新　疆	6.0	6.0	6.0	6.0	6.0	6.0	6.0	6.0	6.0	6.1	6.1

附录四

2000—2010年我国土地要素投入的省际面板数据对数处理

地区	2000年	2001年	2002年	2003年	2004年	2005年	2006年	2007年	2008年	2009年	2010年
北京	6.1	6.0	5.8	5.7	5.7	5.8	5.8	5.7	5.8	5.8	5.8
天津	6.3	6.3	6.3	6.2	6.2	6.2	6.2	6.1	6.1	6.1	6.1
河北	9.1	9.1	9.1	9.1	9.1	9.1	9.1	9.1	9.1	9.1	9.1
山西	8.3	8.2	8.3	8.2	8.2	8.2	8.2	8.2	8.2	8.2	8.2
内蒙古	8.7	8.6	8.7	8.7	8.7	8.7	8.7	8.8	8.8	8.8	8.9
辽宁	8.2	8.3	8.2	8.2	8.2	8.2	8.2	8.2	8.2	8.3	8.3
吉林	8.4	8.5	8.5	8.5	8.5	8.5	8.5	8.5	8.5	8.5	8.6
黑龙江	9.1	9.2	9.2	9.2	9.2	9.2	9.3	9.4	9.4	9.4	9.4
上海	6.3	6.2	6.2	6.0	6.0	6.0	6.0	6.0	6.0	6.0	6.0
江苏	9.0	9.0	9.0	8.9	8.9	8.9	8.9	8.9	8.9	8.9	8.9
浙江	8.2	8.1	8.0	7.9	7.9	8.0	8.0	7.8	7.8	7.8	7.8
安徽	9.1	9.1	9.1	9.1	9.1	9.1	9.1	9.1	9.1	9.1	9.1
福建	7.9	7.9	7.9	7.8	7.8	7.8	7.8	7.7	7.7	7.7	7.7
江西	8.6	8.6	8.6	8.5	8.6	8.6	8.6	8.6	8.6	8.6	8.6
山东	9.3	9.3	9.3	9.3	9.3	9.3	9.3	9.3	9.3	9.3	9.3
河南	9.5	9.5	9.5	9.5	9.5	9.5	9.6	9.6	9.6	9.6	9.6
湖北	8.9	8.9	8.9	8.9	8.9	8.9	8.9	8.9	8.9	8.9	9.0
湖南	9.0	9.0	9.0	9.0	9.0	9.0	9.0	8.9	8.9	9.0	9.0
广东	8.5	8.6	8.5	8.5	8.5	8.5	8.5	8.4	8.4	8.4	8.4
广西	8.7	8.7	8.7	8.7	8.8	8.8	8.8	8.6	8.6	8.7	8.7
海南	6.8	6.8	6.8	6.8	6.7	6.7	6.7	6.6	6.7	6.7	6.7
重庆	8.2	8.2	8.2	8.1	8.1	8.1	8.2	8.1	8.1	8.1	8.1
四川	9.2	9.2	9.2	9.1	9.1	9.2	9.2	9.1	9.2	9.2	9.2
贵州	8.5	8.4	8.4	8.4	8.5	8.5	8.5	8.4	8.4	8.5	8.5
云南	8.7	8.7	8.7	8.7	8.7	8.7	8.7	8.7	8.7	8.8	8.8
西藏	5.4	5.4	5.5	5.5	5.4	5.5	5.5	5.5	5.5	5.5	5.5
陕西	8.4	8.4	8.3	8.3	8.3	8.3	8.4	8.3	8.3	8.3	8.3
甘肃	8.2	8.2	8.2	8.2	8.2	8.2	8.2	8.2	8.3	8.3	8.3
青海	6.3	6.3	6.2	6.1	6.2	6.2	6.2	6.2	6.2	6.2	6.3
宁夏	6.9	6.9	7.0	7.0	7.1	7.0	7.0	7.1	7.1	7.1	7.1
新疆	8.1	8.1	8.2	8.2	8.2	8.2	8.2	8.3	8.4	8.4	8.5

参考文献

[1] DIAMOND P A. National Debt in a Neoclassical Growth Mode [J]. The American Economics Review, 1965, 1 (9): 99–124.

[2] DISNEY R. Crises in Public Pension Programs in OECD: What are the Reform Options? [J]. The Economic Journal, 1998, 110: FI–F23.

[3] GALE W. The Effects of Pensions on Household Walth: A Revaluation of Theory and Evidence [J]. 1998, 106: 706–723.

[4] HOLZMANN R. The World Bank. Approach of Robert of Pension Reform [J]. Bank Discussion Paper, 1999, 45: 956–980.

[5] MULLIGAN, CASEY B , XAVIER SALA-I-MARTIN. Social Security in Theory and Practice (II): Efficiency Theories, Narrative Theories, and Implications for Reform [J]. NBER Working Paper, 1999, 83: 34–45.

[6] RAZIN A, Uriben. An Intergenerational Model of Population Growth [M]. 1992, 65 : 923–933.

[7] TABELLINI.Votingon the Budget Deficit [J]. American Economic Review, 1992, 80: 37–49.

[8] COSTA, Dora.The evolution of retirement [M]. Chicago: University of Chicago Press, 1999.

[9] CHOW, G.C.Capital formation and economic growth in China [J].

Quarterly Journal of Economics，1993，108（3）：809-842.
[10] GRUBER，JOHN，DAVID A. Social Security Programs and Retirement Around the World [M]. Chicago：University of Chicago Press，1999.
[11] FELDSTEIN，Inflation.Tax Rules and Investment：Some Econometric Evidence [J]，Econometrica，1982，50（4）：825-862.
[12] SEHIEBER B. Soeial Security Reform：Around the world Eeonomy [J]. 1996，86：373-377.
[13] DISNEY，JOHNSON. Pension Systems and Retirement Incomes across OECD countries [M]. Northampton：Edward Elgar Publishing，Inc，2001.
[14] SCHULTZ. Institutions and the Rising Economics Value of Man [J]. American Journal of Agricultural Economics，1968，No 5.
[15] 白维军. 我国农村养老保障的“碎片化”与制度整合 [J]. 经济体制改革，2009（4）.
[16] 白重恩，钱震杰. 劳动收入份额决定因素：来自中国省际面板数据的证据 [J]. 世界经济，2010（12）.
[17] 毕宝德. 土地经济学 [M]. 北京：中国人民大学出版社，2011.
[18] 陈彩霞. 经济独立才是农村老年人晚年幸福的首要条件 [J]. 人口研究，2000（1）.
[19] 陈昊阳. 中国农村老龄人口经济供养与福利制度研究 [D]. 成都：西南财经大学，2011.
[20] 陈文科. 深刻认识劳动价值论的若干问题 [J]. 湖北经济学院学报，2003（1）.
[21] 陈锡文. 新世纪的“三农”问题 [J]. 求是，2003（13）.
[22] 陈晓云. 福利保障的理论演变及其现实意义 [J]. 世界经济研究，2001（3）.
[23] 陈银娥. 西方福利经济理论的演变 [J]. 华中师范大学学报，2000（4）.
[24] 陈泽军. 建立农村社会保障制度，促进和谐社会建设 [A]. 乌蒙论坛论文集，2007（12）.
[25] 成思危. 中国社会保障体系的改革与完善 [M]. 北京：民主与建设出版社，2000.
[26] 丛树海. 社会保障经济理论 [M]. 上海：上海三联书店，1996.
[27] 丛文艳. 我国农村养老问题及对策 [J]. 民营科技，2008（12）.
[28] 戴卫东. 家庭养老的可持续性分析 [J]. 现代经济探讨，2010（2）.
[29] 邓大才. 承包土地经济功能与社会功能的矛盾与协调 [J]. 南京经济学院

学报，2002（1）.
[30] 邓大松，薛惠元．新农保财政补助数额的测算与分析——基于2008年的数据［J］．江西财经学院学报，2010（2）.
[31] 邓大松．中国社会保障重大问题研究［M］．北京：海天出版社，2001.
[32] 董彦龙．河南省农业生产要素贡献率的比较研究［J］．安徽农业科学，2011（26）.
[33] 杜海涛．盼老真正有保障［N］．人民日报，2006-04-06.
[34] 杜军．基于统筹城乡发展的土地资源优化配置研究—以重庆市长寿区为例［D］．重庆：西南大学，2011.
[35] 樊彩耀．完善社会保障体系，促进居民消费增长［J］．宏观经济研究，2000（7）.
[36] 樊胜根．中国农业生产与生产率的增长：新的测算方法及结论［J］．农业技术经济，1998（4）.
[37] 高鸿业．西方经济学［M］．北京：中国人民大学出版社，2001.
[38] 高山晟．经济学中的分析方法［M］．北京：中国人民大学出版社，2001.
[39] 耿静．转变农业发展方式，优化农业产业结构［J］．吉林农业，2010（3）.
[40] 耿永志．农村社会保障与农地制度的关系研究［D］．保定：河北农业大学，2010.
[41] 公维才．我国农村社会养老保险的三元模式［J］．学习与实践，2008（12）.
[42] 公维才．中国农民养老保障论［M］．北京：社会科学文献出版社，2007.
[43] 郭伟合．福利经济学［M］．北京：经济管理出版社，2001.
[44] 郭喜．当代中国被征地农民养老保障问题研究［M］．北京：中国社会科学出版社，2012.
[45] 韩芳．农村土地养老保障功能的调查与思考［J］．经济研究导刊，2008（14）.
[46] 韩芳．中国农村土地养老保障功能研究综述［J］．河北农业科学，2008（12）.
[47] 韩芳．农村土地养老保障功能研究［M］．北京：知识产权出版社，2010.
[48] 何庆光．基于扩展线性支出模型的广西城镇居民消费需求分析［J］．改革与战略，2005（11）.
[49] 何旭开，董捷．农村土地养老保障模式创新：保障与效率共赢［J］．经济体制改革，2008（2）.
[50] 和春雷．社会保障制度的国际比较［M］．北京：法律出版社，2001.

[51] 黄安年. 当代美国的社会保障政策 [M]. 北京: 中国社会科学出版社, 1998.
[52] 黄晓. 我国农村养老保障制度建设研究 [D]. 福州: 福建农林大学, 2008.
[53] 贾丽萍. 欠发达地区农村养老保障制度的重建——以吉林省为例 [D]. 长春: 吉林大学, 2008.
[54] 江小涓, 李辉. 我国地区之间实际收入差距小于名义收入差距——加入地区间价格差异后的一项研究 [J]. 经济研究, 2005 (9).
[55] 姜长云. 农村土地与农民的社会保障 [J]. 经济体制比较, 2002 (1).
[56] 姜伟, 张欢. 中国农村土地养老保障研究——关于农村土地养老功能弱化的思考 [J]. 安徽农业科学, 2011 (29).
[57] 景天魁. 底线公平与社会保障的柔性调节 [J]. 社会学研究, 2004 (6).
[58] 劳动部课题组. 中国社会保障体系的建立与完善 [M]. 北京: 中国经济出版社, 1994.
[59] 劳动和社会保障部社会保险研究所. 世纪抉择——中国社会保障体系构架 [M]. 北京: 中国劳动社会保障出版社, 2000.
[60] 乐君杰. 中国农村劳动市场的经济学分析 [M]. 杭州: 浙江大学出版社, 2006.
[61] 乐章. 风险与保障基于农村养老问题的一个实证分析 [J]. 农业经济问题, 2005 (9).
[62] 黎翠梅. 土地资本化与农村土地养老保障制度的创新 [J]. 财经论丛, 2007 (1).
[63] 李建民. 中国社会养老保障政策和社会经济政策的协调 [J]. 市场与人口分析, 2000 (6).
[64] 李京文. 21世纪中国经济发展趋势 [J]. 中国宏观经济信息网, 2001 (8).
[65] 李南洁. 农村土地流转后土地养老保障功能如何存续 [J]. 乡镇经济, 2008 (3).
[66] 李实等. 中国居民收入分配实证分析 [M]. 北京: 社会科学文献出版社, 2000.
[67] 李迎生. 论政府在农村社会保障制度建设中的角色 [J]. 社会科学研究, 2005 (4).
[68] 李郁芳. 试析土地养老保障在农村社会保障制度建设中的作用 [J]. 暨南学报: 哲学社会科学版, 2001 (6).
[69] 李珍, 王海东. 基本养老保障目标替代率研究 [J]. 保险研究, 2012 (1).

[70] 李珍. 社会保障制度与经济发展 [M]. 武汉：武汉大学出版社，1998.
[71] 李仲生. 中国的人口与经济发展 [M]. 北京：北京大学出版社，2004.
[72] 厉以宁. 中国社会福利模型 [M]. 上海：上海人民出版社，1994.
[73] 梁鸿. 农村养老保障：多样而渐进发展 [J]. 中国社会保障，2007 (5).
[74] 辽宁大学人口研究所. 中国农户新农保调查报告 [R]. 沈阳：辽宁大学，2010.
[75] 林善浪. 中国农村土地制度与效率研究 [M]. 北京：经济科学出版社，1999.
[76] 林毅夫. 制度、技术与中国农业发展 [M]. 上海：上海三联书店，1992.
[77] 刘福垣. 我们需要什么样的养老模式 [J]. 中国人力资源开发，2009 (7).
[78] 刘贵平. "统账结合"式基本养老保险制度的缺欠及改进措施研究 [J]. 人口与经济研究，1999 (4).
[79] 刘贵平. 人口变化与我国城镇职工养老保险的代际再分配 [J]. 人口学刊，1999 (5).
[80] 刘清江. 自然资源定价问题研究 [D]. 北京：中共中央党校，2011.
[81] 刘书鹤. 农村社会保障的若干问题 [J]. 人口研究，2001 (5).
[82] 刘子操. 城市化进程中的农村社会保障问题研究 [D]. 大连：东北财经大学，2007.
[83] 卢海元. 土地换保障：扩大推动发展民众基础的政策选择——被征地农民社会保障的理论与实践 [M]. 北京：群众出版社，2012.
[84] 卢嘉瑞. 中国现阶段收入分配差距问题研究 [M]. 北京：人民出版社，2003.
[85] 卢现祥. 新制度经济学 [M]. 武汉：武汉大学出版社，2004.
[86] 陆解芬. 论政府在农村养老社会保险体系建构中的作用 [J]. 理论探讨，2004 (3).
[87] 吕学静. 各国社会保障制度 [M]. 北京：经济管理出版社，2001.
[88] 马利敏. 农村社会养老保险请缓行 [J]. 探索与争鸣，1999 (7).
[89] 马树才. 宏观经济管理模型与方法 [M]. 沈阳：辽宁大学出版社，2000.
[90] 毛振强，左玉强. 土地投入对中国二、三产业发展贡献的定量研究 [J]. 中国土地科学，2007 (3).
[91] 米红. 农村社会保障理论、方法与制度设计 [M]. 杭州：浙江大学出版社，2007.
[92] 穆光宗. 家庭养老面临的挑战以及社会对策问题 [J]. 中州学刊，1999 (1).

[93] 穆光宗. 中国传统养老方式的变革和展望 [J]. 中国人民大学学报, 2000 (5).

[94] 穆怀中, 柳清瑞. 中国养老保险制度改革关键问题研究 [M]. 北京: 中国劳动保障出版社, 2006.

[95] 穆怀中, 柳清瑞, 沈毅. 新型农村养老保险的财务负担水平分析 [J]. 社会保障研究, 2011 (4).

[96] 穆怀中. 完善农村养老保险体系与提高社会保障水平研究 [R]. 国家社会科学基金重大招标项目, 2012.

[97] 穆怀中. 中国农民有无土地两序列养老路径及养老水平研究 [J]. 中国软科学, 2012 (12).

[98] 穆怀中. 国民财富与社会保障收入再分配 [M]. 北京: 中国劳动社会保障出版社, 2003.

[99] 穆怀中. 缩小收入差距要强化三次分配 [N]. 人民日报 (海外版), 2006-10-25.

[100] 穆怀中. 中国社会保障适度水平研究 [M]. 沈阳: 辽宁大学出版社, 1998.

[101] 巴尔. 福利国家经济学 [M]. 北京: 中国劳动社会保障出版社, 2003.

[102] 潘莉, 常洪钧. 我国农村社会保障问题研究述评 [J]. 江汉论坛, 2006 (6).

[103] 潘漪, 陆杰华. 农村土地养老状况及影响因素分析 [J]. 中国人口科学, 2004增刊.

[104] 亓昕. 农民养老方式与可行能力研究 [J]. 人口研究, 2010 (1).

[105] 乔晓春. 未来农村养老问题的估计与判断 [J]. 市场与人口分析, 2000 (5).

[106] 乔榛, 焦方义, 李楠. 中国农村经济制度变迁与农业增长 [J]. 经济研究, 2006 (7).

[107] 秦红增. 农村土地养老支持力的村域比较 [J]. 学术论坛, 2010 (4).

[108] 秦利, 王青松. 建设社会主义新农村与发展农村社会保障事业 [J]. 科技成果纵横, 2008 (3).

[109] 邵华杰. 建立农村最低生活保障制度 [J]. 合作经济与科技, 2008 (2).

[110] 邵美侠. 初探我国农村社会关系保险 [J]. 人口与经济, 2008 (4).

[111] 沈晓丰. 农村土地的社会保障功能与产出效率分析 [J]. 重庆师院学报, 2003 (3).

[112] 宋健. 中国农村收入与养老 [M]. 北京: 中国人民大学出版社, 2006.

[113] 谭克俭. 农村养老保障机制研究 [J]. 人口与经济, 2002 (2).

[114] 唐文金. 农户土地流转意愿与行为研究 [M]. 北京: 中国经济出版社, 2008.
[115] 童星, 林闽钢. 中国农村社会保障 [M]. 北京: 人民出版社, 2011.
[116] 万国华, 张藕香, 伏润民. 1985—2002年中国农村地区收入不平等: 趋势、起因和政策含义 [J]. 中国农村经济, 2008 (3).
[117] 万国华、张藕香、伏润民. 1985-2002年中国农村地区收入不平等: 趋势、起因和政策含义 [J]. 中国农村经济, 2008 (3).
[118] 万克德. 世纪之交的中国农村养老问题透析 [J]. 人口学刊, 2000 (1).
[119] 汪敏. 农村社会保障政府责任 [D]. 长沙: 湖南大学, 2007.
[120] 王萍, 单宏洁. 土地养老保障与现行农地产权制度关系探析 [J]. 改革与战略, 2008 (7).
[121] 王方舟. 河北省蔬菜产业的生产要素贡献分析 [J]. 天津农业科学, 2012 (3).
[122] 王国军. 建立农村社会保障制度的现实条件与必要前提 [J]. 理论学刊, 2004 (6).
[123] 王国军. 社会保障从二维到三维 [J]. 科技导报, 1998 (8).
[124] 王海江. 我国农村养老保险面临的挑战和农村社会养老保险制度的建立 [J]. 人口学刊, 1998 (6).
[125] 王杰. 制度、制度变迁与经济发展 [M]. 北京: 经济日报出版社, 1997.
[126] 王利军. 浅析养老金缺口财政负担的收入再分配效应 [J]. 理论界, 2006 (12).
[127] 王如鹏. 农村养老保障问题研究——基于土地流转制度的分析 [D]. 长春: 吉林大学, 2010.
[128] 王述智, 张仕平. 关于当前中国农村养老问题及其研究的思考 [J]. 人口学刊, 2001 (1).
[129] 王晓军. 中国基本养老保险的地区差距分析 [J]. 社会保障制度, 2005 (2).
[130] 王忠林. 我国农村集体土地流转制度研究——基于对山东省滕州市农村集体土地流转制度改革的考察 [D]. 青岛: 中国海洋大学, 2011.
[131] 魏朗. 财政支农支出对我国农业经济增长影响的研究——对1999—2003年农业生产贡献率的实证分析 [J]. 中央财经大学学报, 2007 (9).
[132] 魏群英, 米红. 中国需要建立多层次的养老保险体系 [J]. 中国经济问题, 1999 (5).
[133] 魏薇. 我国农村社会保障制度存在的问题与完善措施 [J]. 边疆经济与文化, 2007 (5).

[134] 吴方卫. 我国农业资本存量的估计 [J]. 农业技术经济，1999 (6).
[135] 吴方卫. 中国农业的增长源泉分析 [J]. 中国软科学，2000 (1).
[136] 吴海盛. 人口老龄化背景下江苏农村养老问题研究 [D]. 南京：南京农业大学，2010.
[137] 吴涛，李南. 经济数学基础：概率论与数理统计 [M]. 北京：中国商业出版社，2001.
[138] 吴莹. 发展生态农业旅游——加快新农村建设的希望之路 [J]. 安徽农业科学，2006 (14).
[139] 谢慧明. 和谐社会与失地农民社会养老保障制度安排 [J]. 新西部（下半月），2008 (4).
[140] 辛翔飞，秦富. 我国农业经济增长因素分析及地区差异比较 [J]. 新疆农垦经济，2005 (12).
[141] 徐磊，张峭. 中国粮食主产区粮食生产风险度量与分析 [J]. 统计与决策，2011 (21).
[142] 徐会奇，王克稳，李辉. 基于省际面板数据的中国农业技术进步贡献率的测算分解 [J]. 经济科学，2011 (1).
[143] 徐勤. 中青年家庭养老的现状与问题——对北京市西城区部分中青年的调查 [J]. 社会学研究，1994 (4).
[144] 徐通. 论政府在农村养老保险制度中的责任 [J]. 黑河学刊，2008 (2).
[145] 许月明. 土地家庭承包经营制度绩效与创新研究 [D]. 武汉：华中农业大学，2006.
[146] 鄢圣文. 农村劳动力转移：结构分析与政策建议 [M]. 北京：首都经贸大学出版社，2010.
[147] 杨翠迎，庹国柱. 建立农民社会养老年金保险计划的经济社会条件的实证分析 [J]. 中国农村观察，1997 (5).
[148] 杨翠迎. 中国农村社会保障制度发展模式探讨 [J]. 农业经济，2002 (10).
[149] 杨翠迎. 中国农村养老保障何去何从？——对农村养老保障现状与问题的思考 [J]. 商业研究，2005 (8).
[150] 杨翠迎. 农村基本养老保险制度理论与政策研究 [M]. 杭州：浙江大学出版社，2007.
[151] 杨复兴. 论新型农村养老保障模式的基本架构 [J]. 经济问题探索，2005 (63).
[152] 杨洁. 完善农村社会保障的新思路——论土地养老保障制度的建立 [J]. 开发研究，2004 (4).

[153] 杨绮，米红．中德两国人口老龄化水平与社会养老保障制度的比较研究[J]．人口学刊，1999（6）．
[154] 杨琴．我国农村土地养老保障初探［J]．知识经济，2009（2）．
[155] 杨召欣．基于资源价值功能的农地价格评估研究［D]．南京：南京农业大学，2008.
[156] 伊志宏．养老保险制度模式选择的几个问题［J]．经济理论与经济管理，2000（3）．
[157] 于凌云．养老保险、人力资本的公共支出效应研究［J]．财贸经济，2008（2）．
[158] 于威．中国农村多层次社会养老保障制度研究［D]．哈尔滨：东北农业大学，2010.
[159] 袁春瑛，薛兴利，范毅．现阶段我国农村养老保障的理性选择——家庭养老、土地养老保障与社会养老相结合［J]．农业现代化研究，2002（6）．
[160] 岳意定，黎翠梅．试析农地资本化在农村土地养老保障制度渐进变迁中的作用［J]．经济体制改革，2007（3）．
[161] 曾庆学．社会主义新农村建设中农民社会保障问题探析［J]．安徽农业科学，2008（7）．
[162] 曾宪影．公共财政视角下中国农村社会保障问题研究［D]．南京：南京农业大学，2011.
[163] 张长有．中国农民社会养老保障制度模式研究［J]．江西农业学报，2008（10）．
[164] 张今声．现代经济计划方法与模型［M]．长春：吉林人民出版社，1989.
[165] 张金玲．中国农村土地养老保障的述评［J]．特区经济，2008（5）．
[166] 张金水．应用宏观经济学［M]．北京：清华大学出版社，2001.
[167] 张秀丽．基于我国土地资源新分类方法的土地资源价值核算研究［D]．重庆：西南大学，2008.
[168] 张元红．改革以来中国农业的增长与要素贡献［J]．中国农村经济，1996（5）．
[169] 张媛媛．土地养老，何以为继［J]．创新论坛，2005（13）．
[170] 张跃进．农村土地使用权资本化的几个理论问题［J]．江西财经大学学报，2004（5）．
[171] 赵强军，赵凯．土地投入对我国农业发展的贡献测量［J]．湖北农业科学，2012（6）．
[172] 赵微．对社会主义新农村建设中农村社会保障制度改革的思考［J]．攀枝花学院学报，2008（2）．

[173] 赵小军. 对土地私有化之批判——兼论农村土地的社会保障功能 [J]. 河北法学，2007 (1) .
[174] 郑秉文. 中国养老金发展报告：2011 [M]. 北京：经济管理出版社，2011.
[175] 郑秉文. 中国养老金发展报告：2012 [M]. 北京：经济管理出版社，2012.
[176] 郑功成. 建构多层次的老年保障体系 [N]. 21世纪经济报道，2004-09-20.
[177] 郑功成. 建设健全中国特色的社会保障体系 [J]. 群言，2004 (5) .
[178] 郑功成. 论中国特色的社会保障道路 [M]. 北京：中国劳动社会保障出版社，2009.
[179] 郑功成. 中国社会保障制度变迁与评估 [M]. 北京：中国人民大学出版社，2002.
[180] 郑军. 政府行为对家庭养老保障健康发展的影响分析 [J]. 乡镇经济，2009 (11).
[181] 佚名.中华人民共和国国民经济和社会发展第十个五年计划纲要 [N]. 人民日报，2001-03-18.
[182] 周皓. 谈家庭养老存在的长期性 [J]. 人口学刊，1998 (4) .
[183] 周美林，张玉枝. 计划生育家庭特别扶助制度若干问题研究 [J]. 人口研究，2011 (3) .
[184] 周伟文，严晓萍，赵魏，等. 城市老年群体生活需求和社区满足能力的现状与问题的调查分析 [J]. 中国人口科学，2001 (4) .
[185] 周莹，梁鸿. 中国农村传统家庭养老保障模式不可持续性研究 [J]. 经济体制改革，2006 (5) .
[186] 朱晶. 农业公共投资、竞争力与粮食安全 [J]. 经济研究，2003 (1) .
[187] 朱希刚，史照林. 我国“七五”期间农业技术进步贡献测算分析 [M]. 北京：中国农业科技出版社，1994.
[188] 朱希刚. 我国“九五”时期农业科技进步贡献率的测算 [J]. 农业经济问题，2002 (5) .
[189] 左学金. 我国进城农民工市民化模式探讨 [J]. 西部论坛，2011 (1) .
[190] 《关于城镇企业职工养老保险制度改革的决定》(国发〔1991〕33号) .
[191] 《关于改革城镇企业职工基本养老金计发办法的通知》(辽劳社发〔2006〕81号) .
[192] 《关于扩大做实企业职工基本养老保险个人账户试点有关问题的通知》(劳社部发〔2005〕27号) .

[193] 《中共中央关于完善社会主义市场经济体制若干问题的决定》，2003.
[194] 《中华人民共和国老年人权益保障法》，1996.
[195] 《中华人民共和国社会保险法》，2010.

致谢

转眼间，我从辽宁大学人口研究学专业博士毕业已经两年了。攻读学位的四年，是我人生中最重要的一段时光。经过博士学习期间的沉淀，我得以真正在学术研究中初探究竟。记得在我博士论文答辩时，恩师穆怀中教授曾说过这样的话："只有先学会做人，才能做好学问"，"在学术研究中，你才刚刚入门"。我时刻铭记恩师的话，不敢有半点懈怠。博士毕业后的两年里，我不敢对自己有片刻放松，时刻记得恩师的叮嘱，这将伴随我的一生。

在我撰写博士毕业论文时，当时的研究水平和数据来源的精确性有限，势必会影响到计算结果的精确性。另外，土地养老保障水平标准设定较为复杂，各地区、各类型的差别很大，鉴于当时的水平不足和时间有限，土地养老保障水平的地区差异和行业差异因素尚未全部考虑到，因此，计算结果的精确程度有待提高。对未来土地养老保障水平进行趋势分析时，无法准确地预测未来，同时又受到很多因素的影响，在分析时无法把所有的因素全部考虑在内，因此预测结果会与实际有些出入，但不影响结论。这些都是这两年来我研究的重点，但这些问题一时很难攻克，让我一度产生了放弃的念头。每当思路堵塞，无法继续时，恩师寥寥几句如拨开云雾，柳暗花明；恩师视角转换的提醒，点燃了我论文创新的火花；每当急躁冒进，恩师的适时提醒，让我重新静下来，扎实修炼。本书从选题、写作、反复修改、定稿，到理论框架、分析思路和研究方法，无处不凝结着恩师的大量心血。

同时，本书也得到了多位教授的指导和帮助。在此必须感谢的是陈凡教授、李坚教授、马树才教授、柳清瑞教授、武萍教授，他们在论文的题目、框架、方法方面都给予了悉心指导；感谢辽宁大学的林木西教授、李平教授、黄险峰教授、王玥老师的慷慨帮助；感谢东北财经大学的邢天才教授引领我走入学术的殿堂，感受经济学的奥妙。

本书写作期间，也得到了同窗师兄妹的鼎力相助，在此由衷地表达感激之情，我们之间也建立了深厚的友谊，相信这份感情会伴随终生。

最重要的是要感谢我的家人对我的理解和支持，感谢双方父母，感谢我的爱人初晓丹，也感谢给我带来太多欢乐的儿子位祉毅，你们是我能够完成博士学习的精神支柱。

位　涛

2016 年 11 月